子育て・子育ち・先生・お友達・ママ友のこと

まるわかり幼稚園ライフ

西東桂子
SAITO Keiko

JN313362

はじめに

子育てには悩みや迷いが付きものです。大小の差はあっても、みんな悩んでいます。もちろん私もそうです。でも、不安なのは自分だけに違いないと思いこんでしまうと、毎日がつらくなってしまうかもしれません。

私は以前、育児雑誌の編集長を務めていましたが、休刊になったときに会社勤めをやめました。このチャンスを逃すまいと思い、児童心理を改めて一から学ぼうと夜学に通い、幼児教育の現場を知ろうと私立幼稚園で〝保育実習〟を始めました。万年保育実習生としての通園はもうすぐ14年目を迎えます。

そうしたなかで募ってきたのは、「このこと、子どもがもっと小さいうちに知っていたら楽になれたのになぁ」「園の先生方にとっては当たり前の知識でも、親にとっては知らないことばかりじゃないかしら」「子どもたちが園内でどんなふうに過ごしているのか、お母さんたちはもっともっと知りたいはず」といった思いでした。

母親としての不安を経験し、先生方の保育の意図もある程度理解でき、編集者として専門家に取材することも多い私って、面白い〝立ち位置〟にいるのではなかろうか――。そんな僭越な考えが頭をよぎって以来、「保護者と幼稚園の懸け橋になろう」が、私のライフワークになりました。

本書を通して少しでも不安が和らぎ、「今知ってよかった」と感じていただけて、さらにそこから元気の素が生まれたとしたら著者として幸せです。お母さんの元気は子どもの安心につながっているのですから。

本文中、お母さんお父さん、ママパパの表記が混在したままになっています。ご家庭でお子さんからさまざまに呼ばれている現実に合わせて、あえて統一しませんでした。どれもご自分のこととしてお読みいただければと思います。

contents

第2章

親の学び

第1章

幼稚園生活へのヒント

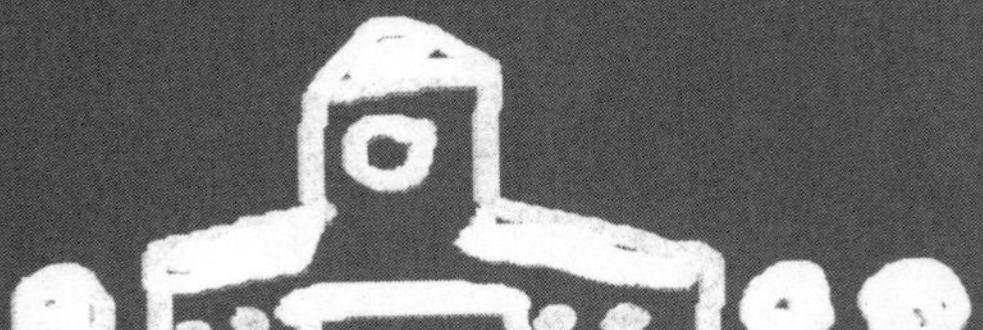

1学期

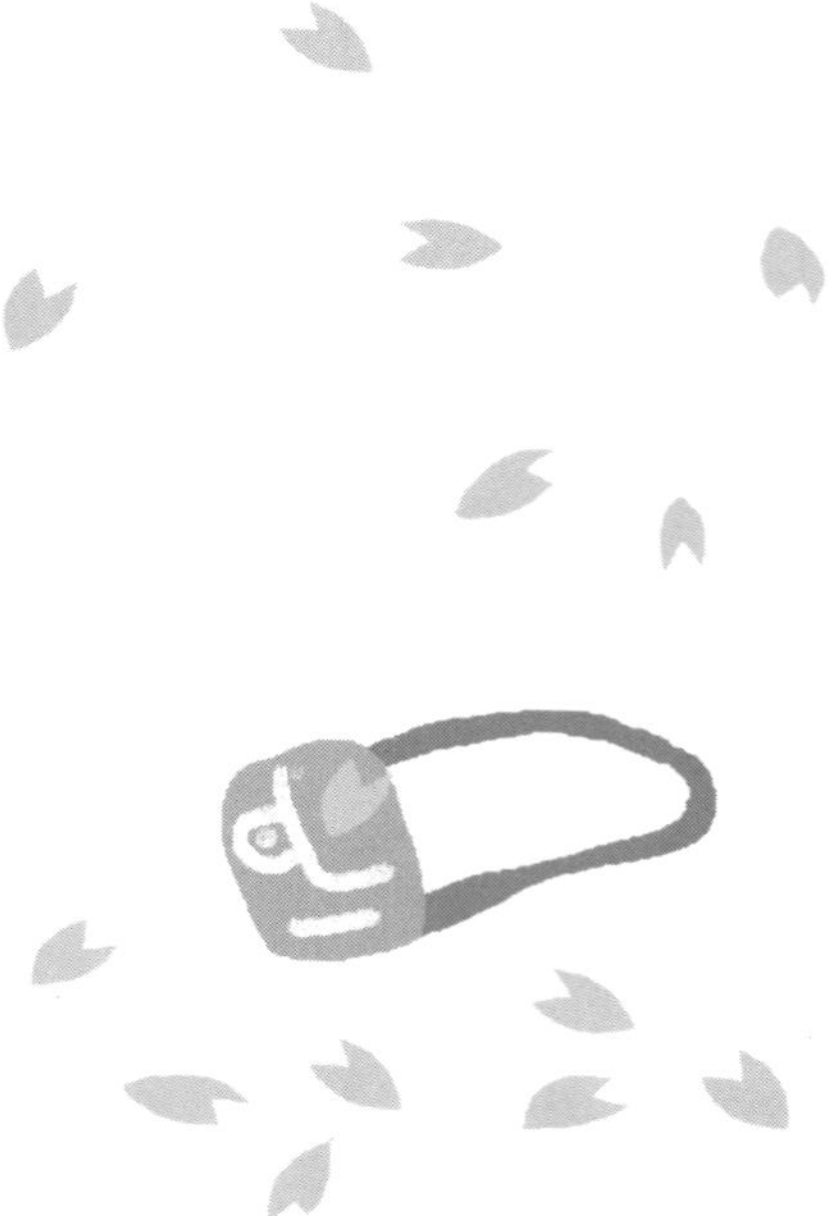

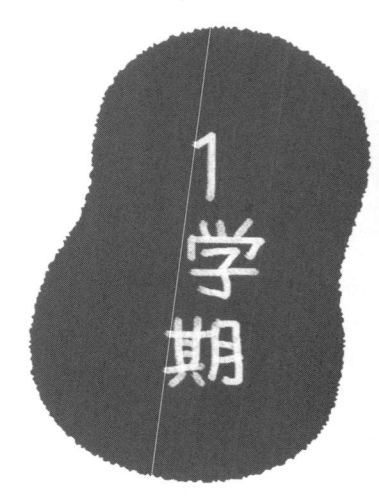

年度初めの幼稚園

新年度が始まる幼稚園の春。３年保育、２年保育の新入園児のご家庭では、お友達ができるかしらと心配しているかもしれませんね。進級児のご家庭でも、今度の担任の先生はどんな人かしら、仲良しのお友達とクラスが分かれてしまったけれど大丈夫かしらとご心配かもしれません。

何かと心配な年度初めですが、心配するのは情報が少ないからということもあるでしょう。４月、５月はこんな感じですというところを押さえておいていただき、親の不安が子どもに伝わらないようにしたいものです。

年少さん……誰と遊んだかなんて聞かないで

年少さんのクラスは、とってもにぎやかです。みんなが勝手にやりたいことをやっているという感じ。園庭で走り回っている子もいれば、歌いながら粘土をこねている子もいるし、積木遊びやおままごとに夢中になっている子もいます。

意外なのは、おままごとが好きな男の子がたくさんいること。嬉々として野菜を包丁で切ったり（もちろん、おもちゃの包丁）、お鍋をかき回したり、せっせとテーブルセッティングをしたりして楽しみ、私をお客に呼んでくれます。男の子はおままごとセットがおうちになくて珍しいのかもしれませんね。

二人並んで〝調理〟をしていても隣の子と話すわけではなく、それぞれが一人遊びのことが多いのですが、この時期は「幼稚園は楽しいところ」と感じられることがいちばんですから、それでいいのです。

担任が園庭で遊ぶ子どもたちに「そろそろお部屋に集まりましょう」と声をかけても、「今やっている楽しいこと」を中断できない子もまだいますが、無理やりお部屋に連れ帰ったりせずに見守り、副担任やフリーの先生が「お部屋にも楽しいことがあるらしい」と気づかせる方向でフォローしていきます。

お友達の名前にまだ興味を示さないのも普通のことです。帰宅後に「今日は誰と遊んだの？」と聞いて「わかんない」という返事が返ってきたとしても、がっかりする必要はありません。幼稚園が自分の居場所になってから、ようやく周りに目が向き始めます。なかには、名前なんか知らなくても「ねえねえ、砂場で一緒にトンネル作らない？」などと声をかける、"場慣れ"の早い子もいますが、なにごとにおいても幼稚園時代の早い遅いは個性のうちと考えましょう。

入園後２〜３か月して、お友達の名前もわかって一緒に遊ぶ場面が増え始めるころ、こんなことをつぶやくお母さんがいます。

「Ａくんはさすが４月生まれだけあって、先生ともしっかりお話できているみたい。うちの子はお友達と遊んでばかりだけど、先生にいいたいこともいえないでいるんじゃないかしら」

少し前まではお友達ができるかしらと心配していたのに、また次の心配ですね（笑）。お母さん方には、先生と上手に会話している子がしっかり者に見えてしまうようですが、必ずしもそうとはいえません。

子どもにとって、〝理不尽なことをいわない話が通じる大人〟と会話をするのは楽なことなのです。Ａくんは〝時々むちゃくちゃなことをいい出す子ども〟との会話が苦手で避けているだけの、幼さを残した子なのかもしれないのです。周りの大人が自分の気持ちを察してくれる環境で育った一人っ子なのかもしれませんね。ですから、子ども同士でちゃんと遊べているわが子のほうが、実は頼もしいといえるのかも。

繰り返しますが、幼稚園時代の早い遅いは個性であるし、誤差のうちでもあります。心配しすぎないことです。

幼稚園になかなか慣れてくれず、毎朝泣かれて気が滅入る方も多いはずですが、「うちの子は大丈夫」と思って明るく別れることが、結果的には慣れへの近道です。

年中さん……ままごと遊びから家族ごっこへ

年中さんのクラスでも、この時期はまだまだおままごとセットが活躍します。女の子も男の子も一緒に楽しんでいます。

でも、よく見ると単なるおままごとではなく、家族ごっこに〝進化〟していたりするんですよ。お母さん役の子がエプロンを着けていたり、犬や猫のペット役で参加している子がいたり。時には〝お父さん〟が会社から帰ってきたりします。かかわり合って遊ぶ楽しさがわかっている子どもたちです。

3月まで使っていたお部屋に遊びに行って、「ここ、なつかしい」なんて発言し、年少さんに対してちょっぴりお兄さんお姉さんぶりを見せつけたりも。

クラス替えがあった場合は、最初は年少組で同じクラスだったお友達と遊びながら周りの様子をうかがうこともありますが、全員が顔見知りですから、これはほんのいっときのこと。年少の1年間でお友達に関心をもつ力が育っていますから、年中からの新入児や転入児に対しても「一緒に遊ぼ」と自然に声がけができます。

なかには、お友達や担任など環境が変わったことに敏感になって、朝、お母さんと別れがたかったり涙を見せたりする子もいますが、いつの間にか克服します。

年長さん……得意分野を褒められたい

年長さんになると、嬉しそうに小さい子のお世話をする姿が見られます。年少さんに砂場でシャベルを譲ったり、年少さん同士のシャベルの取り合いに気づいて、別のシャベルを持ってきてあげたり。その表情には「僕（私）たちは幼稚園でいちばん大きい子」という晴れがましさが感じられます。

春休みに練習したのか、なわとびやフラフープ、鉄棒が急激に上手になって披露してくれる子もいます。おうちでも、できて当たり前という反応はやめて、「たくさん練習してえらかったね」と努力を認めてあげましょう。

一方で、自分の苦手分野に気遅れを感じる子も出始めます。先生はその子の性格を考えて言葉を選び、「最初から上手にできる人はいないよ」「先生と一緒にやってみよう」などと励ましたり、苦手分野には触れずに得意分野を褒めたりと対応していきます。おうちでも「どうして○○が苦手なのかしらねぇ」なんて決していわずに、わが子のタイプを考えながら声がけして、子どもの気持ちに向き合ってあげてください。

新しい園児たちに出会う春は、先生方にとっては「どんなタイプの子かな？」と観察する大切な時期でもあります。観察眼が優れていれば、その子にふさわしい対応の仕方がすぐに察知でき、その子が早く「幼稚園は楽しいところ」と感じられるようになる道筋をみつけることができます。

そんな重責のない〝万年保育実習生〟の私にとっては、楽しい情報を得られる得がたい季節。あ、ほら、B子ちゃんが電話をかけていますよ。

「○○ピザですか？　Mサイズ1枚配達お願いします」

うふふ、B子ちゃんちは○○ピザがお好みなんですね。

Cくんに「サイトー先生です。仲良くしてね」といったら、「うん、わかった。じゃ、仲良しの印」といってほっぺにチューをしてくれました。むふふ、Cくんちでは普段から仲良しの印が飛び交っているに違いありません（笑）。

お父さんお母さん方、ご家庭の様子はけっこうバレています。気負わずに先生と仲良くなりましょう。

新入園児のお弁当＋アルファ

お弁当のある園では、新入園児はゴールデンウィーク前後からスタートするところが多いようです。お弁当グッズの準備は終わりましたか？　入園式後に再度詳しい説明がある園もありますから、購入はそのあとで。

ここでは、長年〝保育実習〟を続けてきた経験を通して感じたことをお伝えします。給食の園であっても、遠足などでお弁当グッズの出番は必ずありますので、どうぞご参考に。

お弁当箱の大きさに注意

最初のうちは「全部食べられた」という喜びを感じることが優先ですから、お弁当箱は小さめを選んであげたいものです。食が進むようになったら必要に応じて、おかず用、果物用と小さなタッパーを増やしていってもいいのです。もちろん、食べられる量に合わせて今後、お弁当箱を新調してもいいですね。卒園まで一つのお弁当箱で済ませようと大きいのを買い、少なく詰めようとすると中身が寄ってしまいます。

園によっては冬場に保温器に入れてくれる場合があり、箱の素材をアルミ製などに指定されることもあるので事前に確認してください。

扱いに慣れなくてお弁当袋から出した途端に箱を落とすこともあり、散乱防止のためにはフタをかぶせるタイプ＋ランチベルトがグッド。パチンと両側2箇所で留めるタイプでもランチベルトは必需品です。

パチン型には、留め具を下から上げて留めるタイプと、上から下げて留めるタイプがありますが、お勧めは下から上げて留めるタイプ（留め具が箱のほうに付いているもの）です。留め具がフタに付いているタイプは、はずすときには下から上げてはずすことになりますが、下から上へ力を入れるのが苦手な子どもがいます。きつくて立ち上がって力を入れ、はずれた途端に下側（中身）がすべって、不幸にしてテーブルから落ちてしまうことがあります。

パチン型なら、上留めでも下留めでも開け方を必ずおうちで練習してくださいね。

また、ランチベルトが箱の大きさに合っていない（きつい）と、はずしたときに勢い余って箱を飛ばしますから注意して。子どもの力ではずせるかどうか確認しましょう。

新入園児で、わが子をとりわけ内気だと感じるなら、「うまく開けられないときは先生に手伝ってっていってていいのよ」と声をかけておきましょう。

お箸&フォークのチェックポイントは

年少さんはフォークとスプーンのセットを持参する子どもがほとんどです。お箸は手に合った長さで、先のほうに滑り止めの溝が切ってあるものがいいですね。竹や木製だとなおグッド。お箸もフォークも、先が尖りすぎていないものを選びましょう。2点セット、3点セットのケースは実はスライド式のほうが長持ちします。パチン型は案外壊れやすいものです。

新年中さんでまだお箸をうまく使えないお子さんもいると思いますが、年中の新年度からはぜひお箸も持たせましょう。周りの子どもがお箸を使っていることに刺激を受けて、使ってみたいと思うかもしれません。そんなときにお箸がないのは残念なこと。帰宅して、お箸を使った形跡があったら、「あ、今日はお箸を使ってみたの？　えらかったね」と褒めてあげてください。でも、褒めるのは初回の1回だけでＯＫ。また、「うまく使えた？」などの質問は不要です。

お弁当袋の形は子どもに合わせて

お弁当袋はフォークセットやお箸箱も入る大きさで、洗いの利く素材のものを。きんちゃくのひも結びが苦手なら、マジックテープで留めるボックス型も便利です。

袋でなく包みにしてランチョンマットを兼ねるようにする園もありますから事前に確認しましょう。包むタイプの場合は、実際に使うお弁当箱を載せてみて、マジックテープの位置を決めてください。年中や年長になって箱を新調したときも、テープの位置に変更がないかどうか確認するのを忘れずに。

コップ袋が小さすぎませんか?

お弁当の支度に手間取っている子どもをみると、たいてい、コップ袋からコップを取り出すのに時間がかかっています。袋の大きさがぴったりすぎて、大人でも出し入れに苦労することも。おうちで子ども本人にやらせてみて、サイズが適当かどうか確認しましょう。

嫌いなものは入れないこと

年少さんの目標は「残さず食べる」こと。食べ残す日が続いたら、量が多いのだと思って少し減らしましょう。帰宅後におなかが空いたという日が何日か続いてから、少し量を増やすので十分です。

みんなと一緒なら食べるかも、と嫌いなものをこっそり詰めるママがいますが、年少さんのチャレンジはおうちでにしましょう。

そぼろなど、ポロポロこぼれやすいものは最初は控えたほうが賢明です。

キャラクター弁当などかわいいお弁当づくりに燃えるママもいますが、それが負担にならない程度にしましょう。どの子もママが作ってくれたお弁当は最高なのですから。

キャラクター弁当でなくても、信号カラー（青、黄、赤）が入っているお弁当なら、見た目も栄養面でも二重丸です。

お弁当づくりは最初は大変ですが、徐々に要領がわかってきて楽になると皆さんおっしゃいますから安心して。何年もたってから、「あのころ、よく頑張ったなあ」とひときわ大きな思い出になること請け合いです。給食があって、年に数回しかお弁当を作らなかった私でさえ、そう思うのですから間違いありません。お弁当タイムの子どもたちの幸せそうな顔、顔、顔……。想像しながら作ってあげてくださいね。

完全給食の園のママたちは、遠足や運動会などの折に、とびきり頑張って思い出づくりをしてください。

年次別の保護者の悩み〔年少さん〕

年度初めの保護者会では自己紹介、自子紹介を兼ねて一人ひと言ずつ発言するのが普通です。私が見聞きするところでは「うちの子、まだ○○ができなくて心配です（困っています）」と話すお母さんが多いようです。

とりわけ年少さんでは、初めての保育参観日のあとにも「みんな○○ができるのね。できないのはうちの子だけだわ」と気にするお母さんが出てきます。子育て中は、特に乳幼児期は、ついわが子とよその子を比べてしまいがちですから、思わずそういった発言になってしまうのでしょう。

以前、幼稚園児のお母さんからの「電話子育て相談」にかかわっていたとき、お母さん方には年次ごとに特徴的な悩みがあることに気がつきました。もう何年も前のことですが、その悩みの傾向は今もほとんど変わっていないように思います。まずは年少さんのお話から――。

お友達づくりが気になる年少ママ

年少さんのお母さんの二大お悩みは「排泄（おむつはずしとおもらし）」と「お友達づくり」。

おむつをつけて入園式に臨んだ子も、何度かおもらしをしてしまった子も、日がたてばどの子も〝卒業〟していきますから大丈夫。先生方も慣れたものですから心配はいりません。ただし、いくら幼稚園の先生方が優しいからといって、おむつはずしを園だけに任せてしまおうという考えはいただけません。おうちでもトイレットトレーニングをし、こまめにトイレに誘って上手にできたら褒める――を繰り返して、おうちと園とが両輪となって進めてくださいね。

お友達がなかなかできないようだと心配するパターンには二つあります。一つは、幼稚園から家に帰ってきても、ちっともお友達の話をしないというもの。もう一つは、いつ見ても砂場や保育室で一人で遊んでいるというもの。

幼稚園〝初心者〟の年少さんのお母さんは、園での様子を知りたくてたまりません。今日は誰と遊んだのか、仲良くできたのか聞きたいのに、子どもによってはちっとも話してくれなくてイライラすることもあるでしょう。でも、それで普通！

入園当初は自分中心に世界は回っていて、自分が楽しいこと、やってみたいことに夢中で、ほかの子の名前を覚えることなんて二の次です。おうちでお友達の名前を初めていってくれたのが2か月後、3か月後ということも珍しくありません。

砂場で一人だったと心配するお母さんは、複数で遊んでいる子どもたちを見て気にしたのでしょうが、入園後しばらくはほとんどの年少さんは実はまだ一人遊びです。砂場でしゃがんだ場所が、隣の子とたまたま20センチの距離だったか2メートルの距離だったかの違いだけなのです。お友達と一緒に遊ぶことの面白さを知るのはこれからです。

お母さんのなかには「うちの子が一人で遊んでいるのに先生が気にかけてくれない」と不満をもつ人がいますが、一人でも楽しそうに遊んでいるなら先生は安心して見守っています。なぜなら、本人が〝一人遊び〟に十分満足してからでないと、〝群れ遊び〟に移行することはできないから。その子が群れ遊びにも関心をもち始めたときに、先生はすかさず誘い込んでいくのです。それはもうプロの技！（プロだから当然ではありますが）

入園時にすでに群れ遊びに関心をもっている子もいますし、年少の終わりころまで一人遊びに没頭する子もいますが、先生は子ども一人ひとりが今どの段階にいるのかをいつも気にかけていますので安心してください。もちろん、遊びに入り込むのに手助けがいる子には必ず声をかけてくれます。放っておくなどということはありません。

心配なことがあったら担任に聞こう

ある年の5月のこと。その日は半日保育で、年少組で遊んでいた私は女の子数人とおままごとをしていました。A子ちゃんが「今日ね、おばあちゃんちで晩ご飯食べるの」と教えてくれました。おままごとから夕食を連想したのでしょう。降園時、お迎えに来たお母さんと手をつないで帰る後ろ姿に「A子ちゃん、おばあちゃんによろしくね」と声をかけると、お母さんがガバッと振り返りました。「えっ、おばあちゃんちに行くことをこの子が話したんですかっ」。

怖いような形相で聞かれて、一瞬「聞いてはいけないことを聞いてしまったんだろうか」とドギマギしましたが、お母さんによると、おうちでは幼稚園の話を一切せず、もともと内気な子であるから園になじめずに誰とも会話をしていないのではないかと、夜も眠れないほどに心配していたとのこと。

わが子が園でどんなふうに過ごしているのか、一人遊びを楽しんでいる段階なのか群れ遊びに興味がわいてきた段階なのか、聞きたいことがあったら遠慮せずにどんどん担任に聞いていいのです。先生がお母さんからおうちの様子を聞くことは保育の参考にもなります。お母さん一人で心配していてもなんの解決にもなりません。

このお母さんは「私も内気なので先生にはなかなか聞けなくて……」とおっしゃっていましたが、先生がお母さん方の個性を知るにも時間がかかります。一度だけ勇気を出して先生と話してしまえば、あとが楽。案ずるより質問、です。

A子ちゃんのお母さんとのやりとりを担任に報告したのはいうまでもありません。お母さんの心配が落ち着くまでの間、A子ちゃんの様子を折に触れて伝えていくようにしようと話し合いました。

バス通園のお宅では直接先生と話す機会が少ないかもしれませんが、そんなときは連絡帳を利用しましょう。もし連絡帳がないのであれば、出欠ノートにお手紙を挟んでもOKです。もちろん園に電話をしてもかまいませんが、保育時間中は避けるのがお約束。また、親の不安は子どもに伝染しがちですから、子どもに電話を聞かれないようにして話すといいですね。

年次別の保護者の悩み〔年中さん・年長さん〕

前項で、年少さんのお母さんたちがおむつはずしやお友達づくりを心配するという話を書きましたが、さすがに1～2年たつとその手の心配は少なくなり、別のお悩みが出てくるようです。

平仮名の読み書きが気になる年中ママ

年中さんのお母さんの心配ごとでいちばん多いのが「平仮名の読み書きに興味を示さない」というもの、2番目に多いのが「習い事はいつ始めるのがよいのでしょうか」という質問です。

私が初めて〝保育実習〟に通い始めた13年前は、年少さんで平仮名が読める子どもはまずいませんでした。最近では、入園早々に私の名札（平仮名で書かれています）を読み上げる子がいてびっくりさせられることも少なくありません。

このように読み書きの習得年齢が年々早まっている状況ですから、年中になっても文字に関心がないわが子が気になるのもうなずける話ではあります。

子どもにいつ読み書きを教えるかの答えは実に簡単です。本人が興味をもち、「あれ、なんて読むの?」と聞いてきたときです。このときには「今忙しいから、あとでね」なんていわずに、タイミングを逃さず教えてあげてください。聞かれた文字だけでいいのです。ほかの字は次に聞かれるときまで取っておく。

子どもは興味をもったことなら、あっという間に覚えてしまいます。聞かれてもいないのに、「今日は〝あ〟を覚えようね、明日は〝い〟だよ」と、勉強させることになってしまったら、子どもは興味を覚えないだけでなく、苦痛を感じる時間になってしまうのです。

幼稚園入園前に早々と文字に興味をもつ子がいるかもしれませんし(私は親が誘導したと思っていますが)、年中どころか年長になっても興味を示さないこともあるかもしれませんが、親にできることは「待つこと」です。焦って教え込むより、「いっぱい遊んでくれて嬉しい」と思える親であってほしいですね。

わが家の息子を例に挙げてみましょう。年長組の秋の保護者会で、あるお母さんが「うちの子、平仮名の読み書きがまったくできませんが、皆さんのお宅ではどうですか」と質問しました。私が「名前に入っている〝い〟だけ読めます」と答えましたら、隣の人が「うちも、名前に入っている〝こ〟だけ読めます」といったので部屋の空気がいっぺんになごみました。というのも、隣席のお母さんは小学校の先生だったからです。

息子は小学校入学式も目前の2月ころ、突然「あれはなんて読むの？」と質問坊主になり、ごく短期間に50音すべて覚えてしまいました。もちろん、読むだけですが。

ご存じかもしれませんが、文部科学省の学習指導要領では、入学前に平仮名の読み書きができるようになっていることを要求していません。極論すれば、まったくの白紙状態で小学校に入学してかまわないわけです。ただ最近は、「靴箱やロッカーなど、自分の場所がわからないのもナンだから、自分の名前くらいは平仮名でわかるようになっているといいかもしれませんね」くらいのことはおっしゃる小学校の先生もいます。どうしても心配だったら、卒園までに自分の名前が読めるようにしておけば安心でしょう。

二つ目のお悩みの「習い事をいつ始めるか」については、面白い話があります。ピアノを教えることを職業にしている人から聞いた話です。

「自分の娘が3歳になったのでピアノを教え始めたけれど、4歳になったら『もうイヤ』とやめてしまった。極端ないい方をすると、3歳では1年かかって学ぶことを、6歳なら

1週間でマスターできる。どんどん進むから本人も面白くて仕方がない。早くからいやいややらせるよりも、楽しく学べる年齢から始めたほうがいいのではないかとも思えて、ピアノ教師でありながらなかなか結論が出せない」

指導者でも悩む問題なのですから、素人にはもっと難しい問題です。ヒントは、子ども本人が習いたいといっているかどうか、楽しそうに通っているかどうかにあるといってよいでしょう。ピアノでもスイミングでも英会話でも、本人がつらそうなら、一度やめてみる自由をあげたいところですね。

「でも、名を成した人はたいてい早くから始めていますよね」とおっしゃるお母さんがいますが、それは本人が好きで続けられたか、親が断固として続けさせたかのどちらかでしょう。断固として続けさせた親は、「習い事はいつ始めるのがよいか」といった質問はしないのです。さて、あなたが今迷っているのだとしたら、その道で名を成すことをめざしているのではないと思うのですが、いかがでしょうか。

運動能力が気になる年長ママ

年長さんになると、「うちの子だけ逆上がりができない」「うちの子はまだ自転車の補助輪がはずれない」といった運動系の心配を寄せるお母さんが増えてきます。小学校で体育の授業が始まることが心配を増幅させるのでしょうか。

専門家たちは声を揃えて、「待つことです」と回答します。平仮名の読み書きのところでも書きましたが、親には「待つ」勇気が求められるのです。

こうした心配はよその子と比べるところから生まれるものです。子どもには（大人にも）個人差があり、体力がついてくる、指導者が教えるコツが頭で理解できるようになる、しんどいけれどもう少し頑張って練習してみようと考えられるほどに精神面も強く育ってくる――こうした条件が揃う時期は一人ひとり違うのです。親は時期が来るのを待ちながら、温かく見守り励ましていくしかありません。

親は子どもの苦手をなくそうと考えてしまいがちですが、幼児期はとりわけ好きなこと、得意なことを褒めて伸ばしてあげることのほうに価値がありそうです。わが子だけでなく、よその子の得意なことも褒めてあげられたら満点です。

子どもは年中の後半から年長になると、「○○ちゃんって、△△が上手でホントにすごいんだよ」とお友達の力を素直に認めることができるようになります。大人もそうでありたいもの。子どもの成長から学ばされることがあるのも、子育ての醍醐味ですね。

ドラマを通して考えたＰＴＡ活動とママ友関係

２０１２年の4月から6月まで、テレビドラマ「七人の敵がいる」が放送されていました。昼間の30分の帯ドラだったので外出時間帯でもあり、毎回録画までして見てしまいました。

というのもその数年前、同名の原作（加納朋子著）が小説誌に連載されていたときに読んでおり、あの原作がテレビでどう〝料理〟されるのかと興味津々だったからです。現在は集英社文庫で手に入ります。

公立小学校のＰＴＡ活動をテーマにした小説で、出版社に勤めるバリバリのワーキングマザーが非効率的なＰＴＡ活動にいらだちながらも巻き込まれていく、笑いと涙の痛快エンターテインメント本です。

余談ですが、私は小さいころからテレビにまったく関心を示さない子どもで、暇さえあれば本（コミックも！）ばかり読んでいました。大人になっても長らく習性は変わらなかったのですが、なぜだか5～6年前から好んでドラマを見るようになり、旧友たちとの女子会でとうとう感想を述べては「遅れてやって来たテレビっ子」と笑われていました。最近は本やコミックが原作のドラマが増えていますが、原作者である作家や漫画家に勝るとも劣らない脚本家の才能にいたく感心したことも、テレビドラマを見るようになった大きな理由だと思います。

「PTA活動は義務ではなく権利だ」

結論からいうと、作者には失礼ながら、私にとってのドラマ「七人の敵がいる」は原作を超えていた！　脚本家って本当にすごいと思いました。

タイトルにある7人の敵とは誰かといいますと、原作の7つの章から引用すれば、女、義母義家族、男、夫、わが子、先生、PTA会長ということになっています。あら〜、これじゃあ周りはみんな敵ということになりますねぇ。

主人公・山田陽子（ドラマでは真琴つばさ）は、合理的なことこそが正しいこと、と性急にPTA改革を進めようとしては反感を買い、陽子自身が「敵（通称デビル）」とみなされてしまうのですが、やがてPTAの目的を考えるようにもなり、自分の思いを微調整しながら少しずつ周りを動かしていきます。

設定上で原作とドラマの違いが目立ったのは二つ。一つは、原作では小学校入学時から高学年になるまでを描いているのに対し、ドラマでは入学から1年間が描かれました。これは子役の成長速度を考えると納得ですよね。

もう一つは結末です。原作では、陽子がPTA活動を、できる人が有償で請け負うような組織にしようと画策し始めるところで終わりますが、ドラマでは、「PTA活動は義務ではなく権利だ」とママたちが認識するという方向で終わります。それってあまりにも正論すぎて体がかゆくなってきそうですが、でも、わざとらしさがなく、すがすがしく描かれ、説教くさくなかったのは見事でした。

そして最後は、小2のママになった陽子が、「やってられないわ」と1年前の自分と同じ発言を新1年生ママがするのを聞いて、にやりと笑うシーンで終わりました。「最初は私もそう思ったんだけどね」という笑い顔は、陽子の成長を感じさせるものでした。陽子自身も変わったのです。

原作は全体にかなり共感しながら読んだのですが、PTA活動の有償化という結末にだけは違和感があったので、脚本家さんのほうに1票を投じた次第です。

PTA活動で得るもの

フィクションですからさまざまなことがデフォルメされているのは当然です。それでも、小説やドラマほどではないにしても、現実のPTA活動が旧態依然で、実態に即していない側面もあると感じている人は少なくないかもしれません。幼稚園よりも小学校のPTAに対してそう感じることのほうがきっと多いと思います。なぜなら、私の経験上、公立小学校の校長は自分の代で慣例を変えることに消極的だから。

今、私立幼稚園の中には、PTA組織自体をなくしてしまったという園もあります。園長先生と話してみると、保護者同士の揉め事が目に余るとか、役員のなり手がいなくて役員決めに厖大な時間がかかるからという理由を挙げる方が多いようです。

PTA組織のない園が年々少しずつ増えているような印象もあり、保護者のほうもそれを喜んでいる気配が感じられて、私はつい「もったいないなぁ」と思ってしまいます。

仕事をもっていなくても母親ほど忙しい〝職業〟はありません。家事はいくらでも湧いてくるし、上の子・下の子がいれば用事は2倍、3倍。自分のための趣味や習い事の時間も取りたいですものね。となると、PTA活動に費やす時間は負担かもしれませんが、メリットもたくさんあると思うのです。

実際、「幼稚園のことがよくわかった」「家にいるときとは違う子どもの一面を知ることができた」「ママ友ができた」というのが、役員経験ママたちが語る3大メリットですが、私はこれに「ママ友との付き合い方が学べる」というのも加えたい。

私の保育園ママ時代はPTAの仕事はほとんどなくて、卒園式で係を務めたくらいですが、小学校は一人ひと役だったので毎年何かしらの係をしました。途中で会社勤めを辞めてフリーになり、時間に融通が利くようになったため、高学年ではクラス委員や係の長を引き受けたこともあります。そのとき思ったのは、やっぱり十人十色だということです。

すったもんだはあったものの、1年間同じメンバーでPTA活動をしていく中で、円滑にコミュニケーションを構築するためのコツのようなものがわかってきて、価値ある人生勉強になったと思っています。たとえば、「この人とのお付き合いでのキーワードは〝公平〟ね」とか、「この人はやる気がないのではなくて、『あなたにしかできないわ』といわれて引き受ける形が好きなんだな」とか、「この人の社交辞令を真に受けてはいけないようだ」とか、「この人の話は長いけど、結論に至るまでの経緯を聞いてほしいタイプなんだな」――などなど。気の合うママもみつかり、その後も長いお付き合いを続けている方がたくさんいます。

親子で成長する幼稚園

２０１１年には「名前をなくした女神」というドラマがヒットしましたね。本名ではなく、○○くんママ、○○ちゃんママと呼ばれる世界について、ある私立幼稚園を舞台に、お受験問題を通奏低音としながら〝ママ友地獄〟がこれでもか、これでもかと描かれました。ご覧になった方も多いでしょう。私も1話も漏らさず見ました（笑）。

こちらはＰＴＡ活動がメインテーマではなく、夫のリストラ・ＤＶ・浮気、妻の浮気、家庭ごとの収入格差、夫婦の育った環境の違い、再婚・離婚、専業主婦と有職主婦、子どもの芸能界活動、一斉同報メール問題などが次々と勃発し、分類としては社会派ドラマであったと思います。

でも、二つのドラマには「幼稚園や小学校という一つの社会生活の中で、親同士のお付き合いはどうあるべきか」という共通するテーマも感じられました。

あなたの幼稚園にＰＴＡ組織があるなら、来年度はぜひ役員を引き受けてみてほしいと思います。組織はないけれどもお手伝いの係ならあるという場合も、ぜひ参加してみてください。育ちも考えも異なる複数の人間が集まれば、多少の摩擦があるのは当たり前。でも、そこにはきっと学びがあります。私はいつも「幼稚園は親子ともに入園するところ」といっていますが、親のほうも成長できる得がたいチャンスだと思います。

それにしても、「七人の敵がいる」のデビル陽子とサタン上条（小林幸子演じるPTA会長）のやりとりは面白かった！

雨の日もまた楽し！

梅雨の季節や雨の日。外遊びができない子どもたちが幼稚園でどんなふうに過ごしているのか気になりませんか。お部屋で勝手に遊んでいるんだろうなぁと想像しがちですよね。ところが、ところが――。

ある日の様子をご紹介しましょう。

室内でも体を動かして遊ぶ

年中組では全員に新聞紙（4ページ分）が配られていました。広げた新聞の上に各自が立ち、先生とじゃんけんです。負けると新聞を半分の大きさに畳んで、またその上に立ちます。そしてまたじゃんけん。こうして足下の新聞は負けるたびに小さくなりますが、片足であっても揺れていても、新聞の上に立っていられれば、次のじゃんけんに参加できます。新聞の外に足をついてしまった時点でリタイアです。最後は4人になりましたが、みんなの唱和によるカウントダウンで10秒立ち続けた3人が優勝しました。

するとと先生がいいました。「あら、新聞に大事な記事が載っているみたい。みんなお父さん座りをして新聞を読んでみて」。お部屋中にあぐらをかいたお父さんが出現しました。なかなか様になっていますね～。

先生「なになに、〇〇組では全員で入れる大きな温泉風呂を作る予定になっています、だって」

「やったー、作ろう作ろう」

クラスの大型ソフト積木全部を使ってお風呂作りが始まりました。露天風呂でしょうか。さっきまで読んでいた新聞をびりびり破ってお湯に見立てます。みんなで入って大はしゃぎ。余った新聞で温泉饅頭を作って食べている子もいますよ。

先生「お風呂で泳ぎたい人もいるみたいですね。だけど一度に全員で泳ぐとぶつかっちゃうね、どうしようか？」

「一人ずつ順番がいいんじゃない？」

「それじゃ時間がかかりすぎだよー」

「3～4人ずつがいいと思いま～す」

「わかった、グループで順番がいいよ」(園では活動のためにグループ分けするのが通例)意見がまとまったところで、先生がすかさずいいました。

先生「早く並んだグループから入ることにしようかな。みんなもう年中さんだから、ささっと並べるよね？」

知恵を絞らせたり、整列させたり、遊びの中にも成長のステップを盛り込むのが先生の腕の見せどころです。グループごとにス〜イスイと泳いで遊び、順番待ちの子は積木の外側からお湯（新聞紙）をかけまくりました。

たっぷり温泉遊びを堪能したころ、先生は色付きの大きなビニール袋を2枚取り出しました。

先生「そろそろ温泉から帰りますよー。お湯を1滴残らずこの袋に入れてくださーい」

みんなで競争しながらやると早い、早い。千切った新聞が散乱していたお部屋があっという間にきれいになりました。

そのビニール袋は口を結えられマジックで顔が書かれて、一瞬にしてテルテル坊主に大変身。巨大テルテル坊主を二つ、みんなでテラスの柱にくくりつけました。「明日はお天気になるといいね」。

それからお部屋の真ん中にゴザを敷いてピクニックお弁当の時間となりました。雨の日ならではの楽しいプログラムでした。

先生ごとに遊びを工夫

この新聞紙遊び、学年によって、また担任の先生によって、さまざまなアレンジバージョンがあります。

年少組を覗いてみると、やっぱり全員に新聞紙が配られていました。

先生「新聞紙は細く長く破ることができますよ。誰がいちばん長く破れるかな？」

実際にやってみて長く割けることを知った子どもたちから「おおーっ」と驚きの声が上がります。「お部屋中に千切った新聞紙を撒き散らしてよい」という、たぶんおうちでは決して許されない設定に大歓声が上がりました。ここでは自然発生的に新聞の海で泳ぎ回る子どもたちがいましたよ。

このクラスでは細長く千切った新聞紙をやはり大きなビニール袋に回収したあと、新聞風船として、バレーボールのようについて遊んでいました。

雨だからといって子どもたちは憂鬱でも退屈でもありません。お宅でも〇〇家バージョンの雨の日遊びをお子さんと一緒に創作してみてくださいね。

お子さんが二人いるお宅では、普通の新聞じゃんけんのあとは、お父さんと子ども、お母さんと子どもの組に分かれてやると楽しいものです。一人っ子のお宅では、お母さん対父子組で。じゃんけんに負けて新聞のサイズが小さくなってきたら、子どもを抱っこしたりおんぶしたり肩車したりして、スキンシップいっぱいの遊びになります。

年長さんなら折り紙のレパートリーも増えているでしょうから、新聞紙やチラシを使った大型折り紙を。親子で本を見ながら新作に挑戦すると、どうやって時間をつぶそうかと心配していたのが嘘のように時が過ぎていくことでしょう。

2学期

いじわるされた？〔年中さん・その1〕

夏休み明けの2学期。

年少さんは入園当初に比べて格段に成長し、ぐっと〝園児らしく〟なりました。年長さんは最上級学年としてますます〝年長さんらしく〟なり、さすがの振る舞いをするようになりました。お母さんお父さんも目を細めていらっしゃることと思います。

では、真ん中に挟まれた年中さんは？　間違いなく成長しているのに、親のほうも、年少のころのように「○○ができるようになってすごいね」と褒めてあげる回数が知らず知らず減ってきているのではありませんか。

発達心理の世界では「戸惑いの年中さん」という表現もあって、難しいお年ごろともいわれます。

時間をみつけては幼稚園にお邪魔して、子どもたちに遊んでもらっている私ですが、今回はその体験の中から、ある「年中さんエピソード」をご紹介しましょう（文中の名前はすべて仮名）。

気の合う子を見つけ始める年中さん

年中組になると、気の合う子、いわゆる「仲良し」ができてきます。年少の秋ごろから「あの子とあの子はウマが合うのかな」と感じる場面が見え始めますが、年中組になると、よりはっきり見えてきます。

アケミちゃん、サツキちゃん、ミキちゃんは仲良し3人組。ある日のこと、たまたま私の目の前でこんなやりとりがありました。

アケミ「なわとびしようよ」
サツキ・ミキ「しなーい。私たち、鉄棒するから」
アケミ「じゃ、私も鉄棒する」
サツキ・ミキ「鉄棒やーめた。別なことする」

アケミちゃんは、いつもと違う思わぬ展開に目を白黒させて無言。3人は見つめ合ったままです。

私「今日は別々に遊ぶの？」

サツキ・ミキ「そう。アケミちゃんは前に私たちにいじわるしたから遊ばないの」
私「まぁそうなの……。前っていつ？」
サツキ・ミキ「前って前。わかんない」
アケミ「えー、私そんなこと、してないよ」
サツキ・ミキ「したもーん」
私「どんなことされたの？」
サツキ・ミキ「……」

3人は銅像のように突っ立ったまま。それきり会話が続かないので、助け船を出すことにしました。
私「アケミちゃんはいじわるしたつもりはないんだけど、二人はいやな気持ちがしたのかな？　でも、理由をいってあげないとアケミちゃんはわからないよね。さて、どうしたらいいかなぁ？」
アケミ「サツキちゃんやミキちゃんがいやな気持ちになったんなら、私謝る！」（あれ、すぐにそういったところをみると、ひょっとしたら心当たりがあるのかな？）

私「アケミちゃんは、自分ではいじわるしたなんて思っていなかったみたいよ。でも、二人がもしいやな気持ちになったのだったら、謝るっていってるね。謝ってもらえたら、また仲良くできそう?」

サツキ・ミキ「うん!」(二人も仲直りのきっかけを待っていたのかな?)

このあと、アケミちゃんが「ごめんね」といったのに、二人は「今の、聞こえなーい」といい張ります。「先生(私)には聞こえたよ」「でも聞こえなーい」。

アケミちゃんがもう一度「ごめんね」というと、二人はおもむろに「いいよ」と答えて、仲直りできました。これじゃ、どっちがいじわるだかわからない? (この辺をお母さんたちは知っておいてくださいね)

アケミちゃんには「謝れてえらかったね。またこんなことがあったら、一緒に遊んでくれないのはどうして?って勇気を出して聞いてごらん」、二人には「いやな気持ちになったときは、そのときすぐにいって相手にわかってもらおうね」と話しましたら、3人は「うん!」と元気に答えてなにごともなかったように仲良く遊び始めました。

人とのかかわり方を勉強中

こんなふうに、幼児には幼児なりの小さな揉め事がありますが、子ども同士で解決したり、時には大人の助けを借りたりしながら、人とのかかわり方を学んでいきます。先生方はその子の性格なども考慮しながら導いていきますので、いつも同じやり方をするとも限りません。

ではここで、視点を変えて考えてみましょう。もし3人がおうちで、「アケミちゃんがいじわるしたんだよ」とか「サツキちゃんとミキちゃんが私と遊ばないっていうんだよ」と話したら、お母さんたちは「まぁ、○○ちゃんっていやな子ね」と思うかもしれません。

どの子の言い分も嘘ではないけれど、「だから仕返しに私もいじわるしたんだよ」とか「実は私のほうが先にいじわるしたんだけど」などと自分に都合の悪いことは、普通は話さないものです。それが、〝普通の〟子どもです。

だからこそ、親は冷静にならなくてはなりません。幼児期はほとんどの出来事が「お互いさま」です。それに、子どもはお母さんの気を引きたくて話を大きくすることもよくあります。

わが子の言い分だけを真に受けて、たとえば相手の親に怒鳴り込んだりして、子ども同士のよくある小さな揉め事が、親同士のややこしいトラブルに発展してしまう例も少なくありません。

親はまず受け止めて、あとはのんびり見守って

だからといって、わが子に「本当？　嘘いってない？」なんてしつこく確認すると、子どもの心は傷つきます。ここは「そうだったの。いやだったわね」と受け止めながら様子をみ、同じことを何度もいうようだったら担任に「子どもがこんなふうに話しているんですが」とだけ伝えてみましょう。そのとき、お母さん自身の「意見」や「感想」はぐっと飲み込んで、あとは先生に対応をお任せするのが得策です。

また、子どもは時々「仲良し」が変わることがあるということも覚えておきたいものです。この間までよく一緒に遊んでいたのに、「そういえば最近、あの子のことが話題に出ないわ」と気づいたり、ほかの子と一緒にいるところを見かけたり……。そんなとき、親はつい「ケンカしたのかしら」「いじわるされたのかしら」と心配しがちですが、本人の興味関心の対象が変わり、今までの仲良しさんと離れて、同じ〝趣味〟の子どもと一緒にいる

時間が増えた、ということだったりするのです。

在園中に何度も「仲良し」が変わることも珍しくありません。いろんな友達とかかわりながら、子どもは成長していきます。

お友達の個性を知る〔年中さん・その2〕

年中さんのエピソードをもう一つ。

真ん中の学年の年中さんは、もしかしたら保護者の皆さんには成長の大きな変化を見つけにくいかもしれません。あるいは、園生活にも慣れて安心し、見逃しがちになるということもあるかもしれません。

でも、日々いろいろなことが起こっているのです。

お友達の様子を気にかけられるようになる

その日はプール遊びがあり、保育室に戻って着替えをする前に、先生がこういいました。

「暑いなかで水遊びをして体は疲れていますから、着替えが終わったら、絵本を読んだりお絵描きをしたりして少し体を休めましょうね」

「はーい」と返事は良かったものの、着替えが早く済んだAくんは、その日たまたま室内にあった組み立て式のジャングルジムに登り始めました。次に着替えが済んだBくんも、

しょう。

引き寄せられるように登りました。普段はない遊具なので、つい足が向いてしまったので先生はドア1枚へだてた更衣室で着替え中。その間、見守りを頼まれていた私は二人に「Aくん、Bくん、先生はなんといっていたかな?」と声をかけました。

最初にAくんが、続いてBくんがジムから降りてきましたが、運悪く(?)Bくんが降りているところをCくんが目撃して「あっ、Bくん、いけないんだ!」と大きな声を上げました。

子どもというのは何かに夢中(この場合は着替え)になっているときには周りが見えませんから、気づいたのはCくんだけ。でも、Cくんの声を聞いてから何人かが「いっけないんだっ」と声を合わせます。そこに先生が更衣室から戻り、「Bくん、ゆっくり休みましょうね」と声をかけ、Bくんは「ごめんなさい」と謝りました。

Aくんはたぶん、ほっとしていたはずです。先生に見られなくてよかった、と。

ところが、続けて先生に「Aくんも先生のお話聞いていなかったかな」といわれ、びっくりしてしまったのでしょう。すぐに「ごめんなさい」が出ませんでした。不貞腐れたようにプールバッグ掛けの下に潜り込んでしまいました。先生は千里眼なのかと胸がドキドキしていたのかも。ドア越しに私の声を聞いていただけなのですが（笑）。

しばらくして、最後に着替えが終わった子がプールバッグを掛けに来て、下に座り込んでいるAくんを発見しました。

「あれ、Aくんがこんなところにいる。どうしたの？」

男の子たちが集まってきて、口々に「どうしたの」「出ておいでよ」「話してごらんよ」とかまい始め、とうとうAくんは泣きだしてしまいました。そのうちの二人が急いで自分のかばんからティッシュを取ってきてAくんの涙を拭いてあげます。

先生は穏やかな口調で「Aくんね、今ちょっとそこにいたい気分らしいのよね。そっとしておいてあげましょう」とみんなに伝え、全員が自分の椅子に戻って絵本やお絵描き帳を広げました。

さらに10分ほど経過。先生がいいました。

「体が休まりましたね。では今日のこれからのことについてお話をします。大事なお話だから、Aくんもそこの椅子に座って聞いてくださいね」

Aくんはプールバッグの下から静かに出てきて、目の前の空いている椅子に無事に着席しました。先生ってすごいと思うのは、遠くにあったAくんの椅子がいつの間にかバッグ掛けのすぐ前に移されていることです。

先生はなにごともなかったかのようにお話を続けました。

お友達へのベストの対応方法がわかってくる

子どもにはそれぞれ個性があります。Aくんは明るく元気な男の子ですが、気持ちの切り替えにちょっぴり時間がかかります。年少のときは積木の山の陰に隠れて1時間近く出てこないこともありました。でも年中のこのときは20分ほどで気持ちを切り替えることができました。もちろん、先生が絶妙のタイミングで声がけをしたおかげでもあります。

ほかの子どもの行動を見ても、涙を拭いてあげようとティッシュを取りに走るなんていうのは年中さんになったからこそできること。「そっとしておいてあげましょう」という先生の発言に従うことができるのも、年中さんの成長です。

年少さんではこうはいきません。とりわけ年少の秋口ころまでは、世界は自分中心に回っていますから、周りの子どもの様子にはまだまだ目が向かないのです。

年中さんは夏休み明けに大きな成長ぶりを見せてくれます。Aくん自身はこれまでよりさらに短い時間で気持ちの切り替えができるようになるでしょうし、そのうちに先生の声がけがなくても自分で切り替えられるようになるでしょう。

周りの子どもたちも負けてはいません。「Aくんは時々潜りたくなっちゃうんだな」「そういうときは何もいわないで放っておいてあげるのがいいんだな」ときちんと理解するのです。そうして、Aくんに限らずお友達一人ひとりの個性を徐々に理解していきます。

ですから、こうした理解は年長さんなら4月の年度初めから獲得できているといってよいでしょう。年長の1年間でさらに多くのことを獲得していきます。

幼稚園時代の成長ってなんと大きいのだろうかと感動せずにはいられません。脳細胞が壊れていくばっかりの私には、園児たちがとってもまぶしく感じられます。

運動会の楽しみ方とマナー

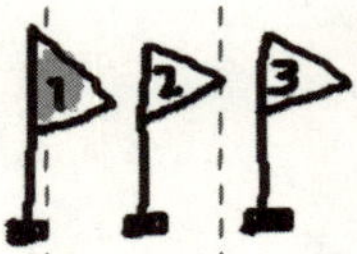

9月から10月にかけて、運動会が行われる園が多いことでしょう。子どもたちをよ～く見て、親子でいい汗をかき、クラスのお母さんお父さんたちと交流を深めて素敵なコミュニケーションを楽しんでくださいね。

大事なのは親の声がけ

以前、ある育児雑誌が「運動会でいちばん感動したプログラム」をアンケート調査したところ、圧倒的多数で1位はリレーでした。

リレーにも、年長組リレー、全員リレー、親子リレー、保護者リレーなどいろいろありますが、応援する側も思わず力が入りますね。年長組リレーには、在籍人数によって、クラス対抗や、全員をシャッフルして何組かに分けての対抗などがありますが、年少・年中の子どもたちは「大きくなったらリレーに出られるんだ」と胸をときめかせながら応援します。

最近では、リレーはあっても、一人ずつが競うかけっこを取り止める幼稚園もあります。園に理由を伺うと、保護者から「小さいうちから順位をつけるのはいかがなものか」という意見が出て、それを酌んだ結果だということも少なくありません。

私は個人的には、順位をつけて何が悪いと思っています。だって、多くは3位までですもの。クラス全員に1番からビリまで順位をつけるのは、それはおかしなことですが、3位までに入った子を褒めてあげるのは、そんなにいけないことでしょうか。

順位をつけることに反対する保護者たちは、発表会などでも同様のことをいい出します。それらの意見に屈した（？）園では、白雪姫の役の子が5人ずらりと並んだり、浦島太郎が7人並んだりしてヘンテコなことになってしまいます。場面ごとに出番を分けたらいいのにと思うのですが、その登場順こそが問題になるのかもしれません。

子どもたちは、かけっこに負けたからといって卑屈になったりはしません。逆に「○○ちゃんは足が速くてすごい！」と尊敬の念を抱くのです。私たち親も、この純真さを見習いたいものです。かけっこが速い○○くん、せりふが上手な◇◇ちゃん、お絵描きが得意な□□くん、アイデア豊富な△△ちゃん……と、それぞれの個性を大いに認めてあげてはいかがでしょう。わが子を個性豊かに育てたいと思うのなら、よその子の個性も認めてあげなくては。

園側でも、1年を通したさまざまな行事の中で、その子が最も輝く場面をきっとつくってくれるはずです。

でも、いちばん大切なのは、「頑張ったこと」「誇らしく思ったこと」「楽しめたこと」「悔しいと思ったこと」など、子どもの気持ちそのものを丸ごと受け止めてあげる親がそこにいる、ということなのだということも覚えておいてくださいね。

運動会では、たとえかけっこがビリでも「最後まで一生懸命走れたね」、転んでしまっても「泣くかと心配したけど、よく頑張れたね」、1番じゃなくても「去年よりすごく速くなったねー」と具体的に話してあげると、子どもたちの励みになることでしょう。

年中・年長でも緊張のあまりおもらしすることも。決してひやかさないでください。

マナーを守って子どもたちの手本に

運動会は楽しい行事ですが、教育的配慮がなされた時間でもあります。わが子中心に行動してしまうことのないよう気をつけたいものです。

●むやみに園児席に近づかない

ほかの学年の演技を見たり、応援したりするのも教育の一環。親がそばにいると、本人だけでなく周りの子どもたちも集中できません。

●席は譲り合いを

早朝から場所取りに燃える方もいらっしゃいますが、前のほうのよい席が取れても、自分の子どもの出番でないときにはほかの方と交替してあげるなど、譲り合いの気持ちを大切にしましょう。

●撮影には気を配る

自分の後ろにたくさん人がいるのに、ビデオの三脚を立てたり、デジカメを両手で高く持ったりしてはご迷惑。競技中に園庭やグラウンドに立ち入って撮影なんて論外です。

●大きな声援を

ビデオやカメラに夢中になって、子どもたちへの声援が少ない、なんていう本末転倒なことにならないように。ファインダーの中に切り取られたわが子だけを見るのではなく、この目で、わが子と全体の両方を見てみんなの成長を喜ぶのが基本です。

●集合はすばやく

保護者参加競技への案内アナウンスがあったら、すみやかに集合場所へ。親がぐずぐずしていては、子どものお手本になりません。子どもは自分の親が一緒に楽しんでいる姿を見るのは嬉しいし誇らしいので、積極的に参加しましょう。

●ゴミは各自持ち帰る

終了後の園庭に空き缶やたばこの吸殻が散乱しているようでは恥ずかしい。特に、近くの小中学校の校庭を借りて行われたような場合は、感謝をこめて朝よりもきれいにして帰りましょう。

●係の人に感謝を

園によっては、PTA役員のほか、運動会係、運動会委員などを務める保護者がいらっしゃることもありますね。運動会のスムーズな進行は係の方々のお力添えのおかげです。「ありがとうございました」「お世話様でした」のお礼の言葉をぜひかけてあげてください。もちろん、係でなくても、後片付けなどできることはみんなで力を合わせましょう。

今年の運動会、全国の園で晴天に恵まれますように!

「我慢」の体験、させていますか？

10月のある日のこと、ある幼稚園の園長先生を所用で訪ねました。お約束をしていたのですが、「園長はただいま年長組の組み体操の指導に立ち会っていますので、10分ほどお待ちいただけますか」とのこと。数日後に控えた運動会の練習だったのです。園長室で待っているなんてもったいない！　厚かましくもホールに案内していただき、見学させていただきました。

ホールに響きわたった厳しい声

やってる、やってる。下段の子どもの背中に上段の子が乗って、ちょうどポーズを決めたところです。そのポーズを数秒間保ったあと、担任の先生の笛の合図で元の体勢に戻りました。

この型はどうやらかなり難しい型だったらしく、基本の整列に戻った子どもたちから安堵のため息がもれたり、「うまくいったー」とか「重かったー」とか「足がふるえたー」など声が上がり、ホール全体がざわつきました。

そのときです。園長先生が鋭くビシッといいました。「今はおしゃべりする時間じゃありませんっ！」。

ざわめきは一瞬にして消えました。子どもたちの背中に緊張が走るのがわかります。子どもたちも驚いたでしょうが、私の驚きたるや、それ以上です。びっくり仰天して口が開いたまま……（うっそー、あの温厚な園長先生が、こんなに厳しい声を出すことがあるんだぁ……）。ちなみに70代の女性園長です。

その後も次々と違う型の練習が続きましたが、基本の整列に戻らずにふらふら歩いているグループがあると、担任の先生から「〇番目のグループ、すぐ並びなさいっ！」と大きな声が飛びます。ホールにはフリー担任の先生など多くの先生たちが練習を見守っていましたが、どの先生の表情も大変厳しいものでした。

我慢させるのが大人の〝仕事〟

練習が終わって、園長室で私と向き合った園長先生は、いつもどおりの穏やかな笑顔。

さきほどとは別人のようです。「いやー、びっくりしました」と私がいうと、「時にはね」とニッコリ。

「時と場合によっては、我慢することを強制しなければならないと私は考えているんです」

「我慢ですか？」

「そう、我慢です。おしゃべりしたいけど我慢する。もう緊張から解かれたいけど我慢して練習する。先生の怖い顔は見たくないから少しの間、頑張る。そういう我慢です。うちの先生たちは本当に穏やかで優しい先生ばかりだけれど、厳しく指導しなければならないときには鬼になって叱りなさいといってあるんです。今日はそういう日にしましょうねって。

今の時代の子どもたちには我慢するという体験が家庭内であまりに少ないから、時には幼稚園が意識してそういう場面をつくらなくてはいけない。それに、緊張感のない組み体操は大変危険ですからね」

お話を聞いていて、思い出したことがありました。以前、学級崩壊について小学校1年生の担任の先生数人に取材した折、まったく同じことが話題に出たのです。1年生の担任教諭はこんな話をしてくれました。

「今の子は『イヤ』で済ませてしまうことがものすごく多いんです。先生のお話を聞いてね――『イヤ』、授業中だから座ろうね――『イヤ』、土を掘ってみましょう――『汚れるからイヤ』。イヤの連発で驚くほどですよ」

「イヤだけどやらなくちゃ」の自覚

どうしてこんなに「イヤ」ばかりいうのかと先生たちで話し合ったところ、原因は二つあるようだという結論に達したそうです。

その1……以前なら入学前に体験していたようなことを体験してきていない。そのため、初めてやることに大きな抵抗感を示す。

その2……家庭で我慢を強いられたことがない。だから、我慢の仕方を知らない。

「その1」は生活全般の体験不足です。「その2」は具体的にはどういうことかというと、たとえばお母さんに「片付けなさい」といわれて「イヤ」と答えると、「あらそう。まぁいいわ。アンタにやらせると時間ばかりかかるから」と、お母さん自身がさっさと片付けてしまうといった具合です。家庭で日ごろから、子どもの「イヤ」がまかり通ってきたということですね。

さて、お宅では「イヤでもやらなくてはならないことがある」という体験を、子どもにさせているでしょうか？

小学校の先生から伺った話をもう一つ。

1年生の教室では日々いろんなことが起こります。図工の時間にクレヨンの箱を落として散乱させてしまったり、給食のときに牛乳びんを倒して床にこぼしてしまったり……。そんなとき必ず、「エーン」とただ泣くだけの子がいるのだそうです。一方、お友達が落としたクレヨンを黙々と拾い集めてあげる子や、床を拭く雑巾を急いで取りに走る子もまた、必ずいるのだとか。

先生いわく「入学までの6年間の〝歴史〟の差は大きいです」。

さあ皆さん、入学までまだ時間があります。心を鬼にして「イヤでも我慢してやる」体験をいっぱいさせて、成長の〝歴史〟に差をつけようではありませんか。

厳しい指導に緊張していた前述の幼稚園の年長さんたち、運動会当日の組み体操は最高の出来だったそうです。きっと、いつもどおりの優しい先生たちと一緒に万歳して喜び合ったことでしょうね。

幼稚園のママ友は悩みの友でもある

先日、某幼稚園の「ママさんサロン」に招かれました。午前中の約2時間、自由参加のママたちのおしゃべりの会です。開催時間中は出入り自由なので、都合のつく時間帯だけ顔を出す方もいます。年に2~3回開かれているのだとか。

おしゃべりのテーマは特に決まっていなくて、幼稚園のこと、子育てまわりのことならなんでもOK。「今こんなことに悩んでいるんだけど」「こうしたいけど、どうやったらうまくいくかしら」などなど、日常のちょっとした悩みや迷いが話題に上り、一緒に考えたり、経験済みのママが「うちはこうしたよ」とアドバイスしたりする場になっていました。園長先生と私は隅のほうに座って、時々考えを述べたり、自分の子育て体験を語ったり。

普段はあまり交流のない異学年のママたちとも話せるとあって、なかなかの人気の会のようです。今は特に悩みはないけれど、いつか来るかもしれないその時のためにお話だけ聞いていたいという方もいらしていました。「3人目の子育てでも悩むことがあるんですね。安心しちゃった」とか「若いのにしっかりしてるわねぇ」なんていう発言も出て、笑いの絶えない素敵な会でした。
仮に答えは出なくとも、迷いのない子育てなんてないんだ、みんな悩みながら頑張っているんだ、と知ることから元気が生まれるのですよね。〝ガス抜き〟の機会はとても貴重です。PTA主導のこうした会が幼稚園にあればラッキーですが、なかったとしても、悩みを語り合えるママ友をみつけていらっしゃることを祈ります。

これって甘え？　それともわがまま？

今回は「ママさんサロン」で語られていたことの中から、二つの話題をご紹介します。園長先生のアドバイスがきっと皆さんのお役に立つことと思います。

Aさん（年中・男の子）「ある日の朝、カバンが重いから持ちたくない、頭がきついから帽子をかぶりたくないと、ヤダヤダ攻撃が始まりました。実は、前日にちょっとしたことがあったので、それを引きずっているんだなと思い、ついカバンを持ってやろうとしたら、何も知らない父親は『みんな自分でカバンを持っているんだ。わがままいうんじゃない！』と一喝。甘えさせてあげることと、わがままをいさめることとの線引きが難しくて悩みます。どうしていいか、わからない」

全員「そうそう。同感」

園長「ルールを守らせることは大切だけれど、気持ちを受け止めてあげることも大事。無理やり従わせるのではなくて、同意してあげながら、自分で軌道修正できる方向にもっていってあげられるといいですね。この場合なら、『お弁当が重いのかな。じゃあ、お弁当を置いていこうか』といってみてはどうでしょう？　そして『お弁当がないから、早く帰ってきておうちで食べることにしようね』といっておく。そこでもし『そんなのはヤダ。みんなと食べるから持っていく』と答えたら、『そうか。じゃあ、ちょっと重いけど頑張ってみようか』と声がけすれば、だいたいうまくいきます」

全員「なるほど～」

　私たち母親は、子どもが「そうだね、お弁当を置いていくことにしよう」と答えたら、早く迎えに行かなくてはならない、あるいはお弁当を届けに出直さなくてはならないと考えて、先回りして予防線を張ってしまうのでしょうね。だから「お弁当を置いていこう」のひと言が出ない（笑）。

子どもの気持ちを受け止めるには親の度量も試されます。

わが家のルールの途中変更はあり？

Bさん（年中・女の子）「私はルールやマナーを厳しくしつけてきました。食事については特に厳しくしていて、出されたものは残すな、外食では自分で食べたいものを選んだのだから全部食べ切れ、と口うるさくいってきました。だけど、ふと気がつくと、娘は興味があっても一度も食べたことがないものは『残しちゃったら大変』と思うらしくて絶対に注文しないし、好きだけど量が多くて残してしまって叱られたことがあるものは二度と頼まない。ちょっと厳しくしすぎたか、枠にはめすぎたかと悩んでいるところです。

下の子も少し手が離れて私自身に余裕ができてきたからだと思うんですが、最近はご飯も私が食べさせたい量ではなくて娘が食べ切れる量を出すようにしています。外食でも、量が多ければ私が残りを食べてもいいし、途中で交換して二つの味を楽しむのもありかなと思ったりしますが、これまで厳しくいってきたことを途中で変更してもいいものかと迷ってしまって……」

Cさん「そういうこと、あるよね。私はあるとき、『ごめん、ママが間違ってた。今日からルールを変える』と謝ったことがあるよ」

Dさん「私もある」

園長「本当に間違っていたなら謝って修正していいと思いますが、Bさんの場合は間違っていたというのともちょっと違うかもしれませんね。そういうときは『あなたが小さいうちは、こうするよといってきたけれども、だいぶ大きくなってきていろんなことがわかるようになったね。これからはこういうふうにしようか』と相談口調でいってみるのがいいかもしれない」

全員「なるほど〜」

子どもが成長したということに限らず、生活環境・家庭環境が変わって以前のルールを変更しなければならないとき、変更したほうがいいときってありますものね。そんなときは、親が突然心変わりしたと思われるよりも、こういう理由で変更しますと説明したり、変更を提案することが大事だということでしょう。勉強になります！

思えば、幼稚園というところも、ルール変更の〝宝庫〟だといってもよいかもしれません。たとえば毎日のお当番さんの仕事も、年少のときと年中のときとでは内容が変わります。４月、５月のころは入園したての小さな子の安全を考えて、年中・年長の子はすべり台の逆上りを禁止にして、真似をさせないようにするなど、代々受け継がれている期限付きのルールのある園もあります。

幼稚園の先生方はルール変更を伝えるプロだったのです。

子育て中はストレスをためないことがいちばんです。一人で悩んでいても、なかなか打開策は見えてきません。担任の先生や園長先生からアドバイスをもらうのも一法ですし、ママ友とのおしゃべりが気分転換になるなら何よりです。

ただし、相手のママにいうばっかりではご迷惑ですよ。聞き役にもなることが、ママ友ルール。このルールだけは不変です！

園内でケガをしたとき、させたとき

幼稚園の園長先生たちが集まる研修会や会合に行くと、子ども同士のケンカ・ケガのトラブル、それに端を発する親同士のトラブルがよく話題に上ります。幼児期はコミュニケーションの取り方の初心者マークの時期ですし、幼稚園は「折り合いの付け方」を学ぶ場でもありますから、トラブルが発生すること自体はそう悪いことではないと思います。ただし、園が本当に困っているのは親同士のトラブルのほうらしいですが……。

皆さんのお子さんの園では、たとえば子ども同士のトラブルで片方がケガをしたとき、保護者への連絡はどのようになっていますか。15年ほど前までは、「園内での事故は園の責任だから、ケガをしたほうのご家庭にはその事実だけ伝えて園からお詫びし、相手の名前は伝えず、ケガをさせたほうのご家庭には何も伝えない」という園が圧倒的多数でした。現在は、当事者双方に連絡を入れるという園が増えているのではないでしょうか。

ひょっとしたら、こうした傾向になってきたことには私もいくぶんか貢献したかもしれません。というのも、私自身、苦い思い出があって、「ケガをさせたほうにも連絡するべきだ」と、研修会講師を頼まれたときなど機会あるたびに、口を酸っぱくして主張してきたからです。

知らないのは私だけだった！

息子が保育園の年中組だった4歳のときのことです。園内で同じクラスの男の子にケガをさせてしまい、相手は病院で2針縫うという事故がありました。ケガをしたのが夕方、私がそのことを知ったのは事故の3日後の夜でした。なんでこんな時間差が出たかというと、前述のように「園内の事故はすべて園の責任。悪質な故意でない限り、だれがやった、だれをケガさせたはどちらの保護者にも教えない」という大原則があったから。

でも、これって全然現実的ではありませんね。だって、1～2歳の子どもならともかく、言葉を自由に使える年齢の子どもなら自分の口で「○○くんにやられた」と親にいいますもの。見ていた子どもたちだって、家に帰れば「今日ね、□□くんがケガをしてね、やったのは△△くんだよ」というに決まっています。親にいわないのは、やった本人だけでしょう（笑）。

わが家のケースは、砂場で遊んでいた息子が砂場用のプラスチックのお皿を手に立ち上がったら、ちょうど入れ違いにしゃがみこんだ子の顔にお皿が当たり、不幸にも角度が悪くて頬が切れてしまったというものでした。先生は息子に「あなたが悪いんじゃないから、気にしなくていいのよ」とおっしゃったそうで、息子はそれっきり忘れてしまい、私が3日後になって事実確認したときも「あれ、僕、なんかいけないことをしたっけ？」という感じでした。

私は登園時刻も降園時刻もほかの方とずれていて、息子もいわないのでこの事故をまるで知らずにいたのですが、3日後の降園時に教えてくれたのは、担任の先生です。

「実は、お知らせしないつもりでいたのですが、3日前にこんなことがありました。どうやらクラスのお母さんは全員が知っていらっしゃるようで、ご本人だけが知らないという状況のようなのです。今後、どなたかから耳にされたらいやなお気持ちになるかもしれないと思い、園長とも相談して、園からお知らせすることにしました」

いやもう、驚きました。悪気があってのことではないとはいえ、2針も縫ったというのに知らん顔はできません。聞いたのが夜7時だったのですが、その足で相手のお宅にお詫びに行きました。途中でお菓子を買いこんで！　先方は父子家庭でお父さんが出ていらしたのですが、最初の言葉がこれでした。「いやあ、なんでご連絡がないのかと思っていたんですよー」。

穏やかな方でホントによかった!!「たった今、聞いたんです」という説明に、今度はお父さんがびっくり。お父さんは、「もし自分の子どもがやった側だったら、一刻も早く知りたいです」といい、翌日、園長に談判に行かれました。「園として大原則を変えないのであれば、うちを例外にしていただいて、うちの子が相手にケガをさせたら即刻連絡してください」と。

後日談ですが、この保育園では熟考のすえ大原則を見直し、まもなく双方の保護者に連絡がいくように変更になりました。

このお父さんは保険会社に勤めた経験があり、だからというわけでもないでしょうが、「謝罪はどれだけ早いかが誠意のバロメーターだと思います」と私にいいました。で、「あなたは話を聞いてすぐに飛んできてくれたので、誠意を感じました。今回のことはこれでおしまいにしましょう」といってくれたのです。その後も親子ともども良い関係を保つことができ、胸をなで下ろしたものでした。

謝罪するとき、されたとき

園はすべてのトラブルを保護者に連絡すべきだ、とまではいいません。ただ、病院に行くようなレベルのケガの場合は、診察してなんでもなかったとしても、やはり双方の保護者に伝えてほしいですよね。特に「縫う」という事態になった場合は、消毒や抜糸などでその後も何度も通院することになりますから、謝罪がなければいつまでも腹が立った状態が続くでしょう。

ケガをした側は、仮に相手に悪意がなかったとしても謝罪の言葉をもらいたいと思うものですし、またケガをさせた側も、悪意がなかったとしてもひと言謝りたいと思うものではないでしょうか。

これが普通の心理だと私は思っていたのですが、最近、ある園長先生からこんなぼやきを聞きました。

「ケガをさせたほうの親御さんにもご連絡をすることにしています。もちろん、責任は園にあるということをきちんと申し上げます。そうすると『ああ、そうでしたか』で終わってしまわれる方もいるんですよ。相手に連絡することもなく」

ここはぜひ、相手方に電話の1本くらいは入れたいものですね。園もきっとそれを期待しているはずです。そして、保護者の心得としては、ケガをした側であれば「いつ逆のことが起こるかわからないもの。お互いさまよ」といってあげられると素晴らしいですね。ケガをさせた側であれば、「お互いさまだから許してね」とは〝決していわない〟慎みをもちたいものです。

しっかりした子の親が危ない

〝元気のいい子〟の親は、わが子の言動に行き過ぎがないかそれなりに気にかけるものですが、現実に行き過ぎてしまうのは、〝しっかりした子〟の「親」のほうであることが多いのです。

しっかりした子の親は、わが子の言い分を疑いもしない傾向があり（！）、「いつも正論をいうこの子がそこまでいうのだから」と、トラブッた（かもしれない）相手の親に怒鳴り込んでしまう、という事態をしばしば引き起こします。そのとき、トラブルの原因がわが子のほうにあるかもしれないという可能性には、全然気が回らないようです。

幼児期のトラブルはまずは先生に確認することが大事。それはわが子を信用しないということではありません。親に叱られたくないという子ども心を察して行動しようということです。

そして小学生になったら、子どもから「この親にはこういっておけば大丈夫」となめられないように、また、「この親にはホントのことしか通用しない」と感じてくれるように、そんな親子の関係を今からつくっていきたいものですね。

年長さんは秋にぐぐっと成長する

ある年の秋。その日は雨降りで、私は年長さんのお部屋にお邪魔していました。みんなそれぞれに好きな遊びに興じています。そのうちにAくんが叫びました。「先生！　みんなでなんかやろうよ」。その声に応じるように、みんなが先生の周りに集まり始めました。たくさんの目が期待に輝いています。

僕たちにまかせて！

先生がいいました。

「それじゃあ、新しいゲームをしましょうか。まず４人組に分かれるんだけどね、先生、今日は提案があるの。いつもは先生がグループ分けを決めていくでしょ。今日もそうしてもいいし、みんなが自分たちで４人組を決められるというなら待ってるけど、どうする？　先生ね、２学期になってみんながとってもお兄さんお姉さんになってきて、すごく感心しているの。これなら、そろそろ自分たちでグループ分けができるかなって思って」

先生の言葉が終わらないうちから「自分たちで決めたい」「あたしたち決められるよ」「僕たちにまかせてよ」などと頼もしい声が飛び交います。「ではみんなで考えてみてね」と、先生は子どもたちに任せることにしました。

このクラスは16人です。お引っ越しで一人転出し、ちょうど4で割り切れる人数になりました。ただし、男の子が7人、女の子が9人。グループ分けはうまくいくでしょうか。男女がたいへん仲のよいクラスであることも関係してか、最初は自然にこんなふうになりました。

あっという間に4グループが出来上がり、先生はちょっと拍子抜け。ところが、そううまくはいきません。A子ちゃんが「私、Bくんと一緒はイヤだ……」とつぶやき、もう一度考え直すことになりました。近くにいた子同士でそれとなく入れ替えがあり、またもやあっという間に再編成が終わりました。形の上では、

となり、最初と同じです。ところが、四つ目のグループの男の子が、「えー、男一人なのは僕だけ？　それはイヤだよ」と意義を唱え、再びやり直しに。次は男の子が性別を意識したため、こんな形になりました。

すると今度は、二つ目のグループの女の子が「私だって女一人はイヤだー」と抗議。ほかの女の子たちも口々に「私も女一人はイヤ」と叫びます。

そこで先生は男の子7人を集めて説明しました。「7人を4人と3人に分けると、3人のところは女の子が一人になるでしょ。女の子は一人はイヤだっていってるから、男の子はどう分かれるといいかしら」。するとCくんがすかさずいいました。「先生、僕は男一人でも平気だから、移ってあげるよ」。それは助かるわ。そうすると、次のようなグループ分けになりました。

ところが、です。「先生、僕だって一人で平気だから、僕も移る」とDくん。カッコイイところを見せたい気持ちになったのでしょう。でも、Dくんも移るとなると、

（1）

（2）

の二通りしかありません。（1）にすると、男一人のグループが三つできてしまいますが、「一人でも平気」な男の子は二人しかいません。（2）にすると、女の子一人のグループができてしまいます。うーむ、難しい……。

一つのことを決めるのは大変

そのあとも議論は続き、やがて、結論が見えてきました。そうだ、こうすればいいんだ！　こうするしかないよね！　みんなが導きだした結論は、

という形でした。そうと決まれば、早い早い。あっという間に4グループが出来上がりま

した。さすが年長さんです。「これで決定」となったその瞬間、E子ちゃんがつぶやきました。「私、F子ちゃんとは違うグループのほうがいい……」。

「えーっ」とか「げーっ」とか「うそだろー」とかいろんな声が上がりました。「E子ちゃん、少しは我慢しなよー」という声もあります。が、ここでも、先生は無理はしません。「みんな、それぞれに思うことがあって、一つのことを決めるのは大変だね。今日はもうお昼だから、ここまでにしましょうね。この続きはまた明日。おうちでも考えてきてね」

さて皆さん、ここまでの経緯をよく見てみましょう。

子どもたちが「これしかないよね」と発見した形は、実は最初に自然にできたグループ分けとまったく同じです。違うのは、無意識にできたのではなく、考えて決めたという点なのです。

結局、新しいゲームをして遊ぶ時間はなくなった子どもたちでしたが、別に不満そうでもありませんでした。みんなで一つのことを相談したということ自体が、目的を達成していたのかもしれません。

みんなが少しずつ、の大切さ

翌日です。G子ちゃんが風邪をひいてお休みでしたが、「明日、G子ちゃんが来たらすぐ遊べるように、今日のうちにグループを決めておこうよ」ということになり、前日の続きが始まりました。

結論からいえば、案ずるより産むが易し。今度こそあっという間に、4人ずつ四つのグループが完成しました。お休みのG子ちゃんの所属もちゃんと決まっています。

どんな形になったかって？　それは皆さんのご想像にお任せしましょう。だって、形は問題ではないのですもの。たった5歳や6歳の子どもでも、1日考えて、それぞれに到達したものがあったということなのですね。「私（僕）だけがイヤといってたら、決まらない」「本当はこうしたいけど、相手の気持ちを考えて、黙っていよう」――みんなが少しずつ譲り合ったのです。

まさにこれは、「学級会」でした。年長さんって、すごい。

3学期

行事に込められた意味

幼稚園では、年間を通してさまざまな行事がありますね。秋から2月にかけては、お遊戯会や音楽発表会、クリスマス会、子ども発表会などの名称で、〝舞台系〟の行事が予定されている園が多いことでしょう。

「今年は主役なの？　すごいね！」と褒められた子がいる一方で、「え、タンバリンなの？　去年は鈴だったよねぇ。大太鼓がいいっていわなかったの？」なんて責められた子もいるのでしょうか……。あるいは、すでに終了していて、「うちの子はせりふが一つしかなかった。ほかの子は三つも四つもあったのに」と怒ったりがっかりしたりしているお母さんお父さんもいらっしゃるでしょうか……。

ところで、行事って、なんのためにあるのでしょうね。

子どもの成長を確認する機会

普段の保育を見る機会はそうは多くない保護者にとって、行事は、子どもの成長が確認できる大切な節目、絶好の場面であるのは間違いありません。いつの間にかこんなことまでできるようになっていたんだなぁと、大いに感動してほしいものです。

でも本当の成長は、行事の当日よりむしろ、当日に至るまでのプロセスの中にこそあるのだ、というお話をしたいと思います。

たとえば劇をやるとして、役決めはどのように行われるとお思いですか？　担任の先生が指名していくと思います？　そう思っていらっしゃると、冒頭のような不満のつぶやきがもれるかもしれませんね。

なかにはそういうケースもあるかもしれませんが、多くは、子どもたち自身が決めていると考えてよいのではないかと思います。そういうシーンを何度もこの目で見てきました。

年少さんは特に役決めがなくて全員揃って登場したり、あっても動物を演じることが多いので、リスやウサギ、キツネやオオカミと、「やりたいものをやる」のが普通。なぜかキツネ役の希望者がとても多かったら、急きょクマ役を設定したりすると自然と半分に分かれて、だいだいどれも同数に収まって決着します。

年中さんになるとストーリー性のある劇になってきますが、基本は「立候補」で、やりたいものを演じます。年中さんでは、人数に偏りが出ると先生が上手に誘導（人数が足りない役柄の〝おいしい〟ところを解説したり）して調整することもありますが、決して無理強いはしません。

年長さんともなると、子どもたちで相談して決めるようになり、役決めだけでなくストーリーのアレンジまですることがあります。やはり基本は「立候補」ですが、時には「あの役は○○ちゃんがぴったりだよね」と「他薦」で決まることもあります。こうした様子をみていると、1年1年の成長って大きいなぁと、しみじみ実感します。

一人ひとりが考え、そしてみんなで考える

年長組での役決めの日、こんなことがありました。A役・B役・C役をそれぞれ二人ずつ決めなくてはならないところ、今はA役に3人、B役に二人、C役に一人の立候補者がいます。大人の発想では、A役の3人のうちの一人がC役に移ってくれれば丸く収まるのになと思ってしまうものですが、この3人は皆、なんとなくC役はやりたくないと考えているようです。

さてどうなるだろうかと見ていると、B役に立候補していた子が「私はC役でもいいよ。

A役の3人のうち、B役でもいいという人はいない？」といいました。すると、「それなら僕、B役にするよ」と応じた子がいて、見事に二人ずつに決まりました。

人間って、「第一希望か第二希望を叶えたい。でも第三希望になったらガッカリだな」という気持ちになることがよくありますよね。5〜6歳にして、こうした感情の機微がわかる子どもがいるのです。子どもだからと侮れません。

年長組の別のクラスでは、すべての役について、配役数と立候補者数が合っていませんでした。でも、いちばんの問題は、A役（一人）を希望する子がいないという点です。先生は「A役をやってもいいという人が見つかってから、ほかの役を決めようね」といい、話し合いがもたれましたがその日も翌日も決着せず、翌々日となりました。おうちで考えてきたのでしょうか、ある子がいいました。「誰もやらないなら僕がA役をやるよ。だからみんなも、ちゃんと考えて役を決めてね」。

そのあと、あちこちで移動があり、最後には予定どおりの配役数で全員の役が決まりました。〝見もの〟だったのはそれからです。

先生が「うまく決まったね。最初に○○くんがA役を引き受けてくれたからだね。○○くんの勇気にみんな感謝しなくてはいけないね」というと、子どもたちから声が上がりました。

「そうだ、合奏のときにどの楽器をやるかは、〇〇くんがいちばん先に決めていいことにしたらどう？」

「そうだ、そうだ」

「それがいいね」

「〇〇くん、好きな楽器を選びなよ」

〇〇くんは嬉しそうにうなずきました。先生も嬉しそうでした。

個性が発揮される場でもある

親は、晴れの舞台でわが子が主役を張ってくれたら、と望んでしまいがちですが、面白いことに子どもたちにとっては主役が人気とは限りません。

「鬼の役が強くてカッコいい」と思う子もいれば、「この役は舞台の真ん中でダンスが踊れるから最高なの」という子もいるし、「僕はせりふは苦手だけど、ぐらぐらしないで立っているのは超得意だから木の役がいいな」という子もいます。

なかには配役には全然興味がなくて、「海を表現するには青いテープを何本も組み合わせて、ところどころに銀色の折り紙を切って貼って、こういうふうに動かすと本物みたいに見える」と、大道具や美術監督のような役割に情熱を燃やす子どももいます。この子は舞台に上がらなくてよいといい張りましたが、先生が「大道具だけだとお客様に一度も顔が見せられないから」と懇願し、魚になって一度だけ舞台を横切ることで手打ちとなりました（笑）。

一人しかいない大太鼓やシンバルは荷が重いという子もいます。そういう子が、年少のときは８人いる鈴を担当し、年中で４人いるタンバリンを担当したなら、大きな成長なのですね。

こんなふうに、発表会が開催されるまでにはさまざまなドラマがあります。どの子も考えたうえで決めた役です。観客はわが子の配役に一喜一憂するのではなく、クラスのまとまりに成長を感じていただけたらと思います。盛大なる拍手と「今日はあなたもクラスのみんなも、すごく素敵だったよ」の声がけをよろしくお願いします。

末筆ながら、舞台裏で大きなドラマがあったときは、先生はもっともっと保護者に公表したらいいのになと思う私です。

家庭教育と幼児教育の違い

ある幼稚園の園長先生とお話をしていて、「お母さんたちから寄せられる園への注文」という話題になりました。子ども同士のトラブルに関する申し入れはずいぶん前から増えてきて、依然〝高止まり〟だそうですが、「子どもに対して、わが家でやっているのと同じように幼稚園でも対応してもらえないものか、といわれることが最近増えてきましたね」と園長先生。

具体的に教えてもらうと、「たとえば、うちでは子どもが泣いたら何をおいても抱きしめるようにしているが、どうも幼稚園ではそういう対応をしてくれていないようだといわれたことがありますよ」。

抱きしめないのは厳しくて冷たい先生？

園長先生の発言に対し、「当たり前ですよね、泣いたら必ず抱きしめるなんて、ありえない。保育者は状況に合わせて対応するのだから」と、脇からすぐに反応したのは、同席していた幼児教育の研究者お二人。「なるほど、問題はここだな」と思ったのは私。

保育（幼児教育）のプロたちにとっては「当たり前で、ありえないこと」が、お母さんたちに理解されていない。そのことこそが問題なのだと思うのです。なぜ理解されないのか――。それは、プロが説明しないからです。

その場で解説してもらったところによると、「泣き」にもいろいろな種類があることがわかりました。

・ケガをして痛みを訴える泣き
・悔しいときの泣き
・甘えたいときの泣き
・気を引きたいときの泣き
・泣いている自分に気づいてさらに悲しくなっての泣き
・我慢したことを褒められたことが嬉しくなっての泣き

などなど。

担任はその一つひとつの状況を見極めて、すぐに抱きしめる場合もあれば、じっと眼を見て話しかける場合もあるし、泣かせたまま様子をみる場合もある。しかも、同じような状況であってもAちゃんとBちゃんでは異なる対応をすることもあるし、同じCちゃんに対しても昨日と今日では対応を変えることもある。なぜなら、個々人の発達に合わせて対応し、成長を促していくのが保育の目的だから。

したがって、「いつも必ず抱きしめるわけではない」という結論に至るのです。

このことを、プロたちは「泣きには〝文脈〟がある」という表現で示しました。すなわち、「泣いている」という「点」で見るのではなく、「こういう流れがあって、今、泣いている」という「経緯」を見ることが大切だということでしょう。

プロは子どもの「明日」を知っている

ふと、13年前のことを思い出しました。その年度から私は幼稚園の〝万年保育実習生〟になったのですが、それは5月中旬のことだったと思います。

入園式の日以降、年少さんのクラスでは朝から何人かの泣き声が聞こえる毎日が続きますが、4月下旬には一旦落ち着き、ゴールデンウイーク明けにまたチラホラと涙を見せる子が出現します。

その年、年少さんとともに〝入園〟した私は、新人で役に立たないながらも泣く子を抱っこして気持ちを落ち着かせる係をしていました。5月中旬のある日、1週間ぶりに幼稚園に行った私は、お母さんとの別れが悲しくて泣いている子を抱き上げました。その途端、担任の先生に耳打ちされたのです。

「Aちゃんは今週から抱っこしないようにしていますから、そーっと下ろしてください。昨日は泣かずに過ごせたのです」

入園当初やゴールデンウイーク明けには抱っこしてもよいけれど、Aちゃんは徐々に幼稚園に慣れてきているのだから、そろそろ自分で気持ちを整えるよう仕向けていく。そういう段階に入っていたのでした。もしかしたら、「不安な泣き」から「気を引きたいときの泣き」に変化してきていたのかもしれません。

子育て経験と保育（幼児教育）は、実はまったく別物です。私には子育て経験があり、私より二回りも年下のこの先生にはお子さんはいませんでしたが、まさしく保育のプロなのですね。子どもの発達段階がばっちりと頭に入っているのです。

とりわけ一人目のお子さんを育てているお母さんにとって、子どもの「明日」は未知の世界です。明日のことは明日になって初めて経験するわけですが、保育のプロたちは、さまざまなタイプの子どもたちの「明日」を知っているのだという事実に、私は大きな感動を覚えたものでした。

考えてみれば、20人、30人の子どもをリードしていく幼稚園の先生って偉大ですよね。わが家に子どもが20人遊びに来るシーンを想像しただけで、頭がくらくらしてきます……。若くてもプロ。そんな先生を信頼してお任せし、私たちはより良き家庭教育ができるよう努めたいものです。

もちろん、知らないことは園に「教えて」といってよいのです。「わが家と同じように対応していただけないのはなぜですか？」と先生に聞くことは、恥でもなんでもありません。でも、詰問ではなく質問であるべきです。聞かれた先生は相互理解のよいチャンスだと喜んで、ていねいに説明してあげてくださいね。

年が改まった、新学期が始まった、新年度がスタートした、そんなときは気持ちも新たにこれまで以上に担任の先生とのコミュニケーションを充実させる契機としてください。

第2章

子育てのヒント

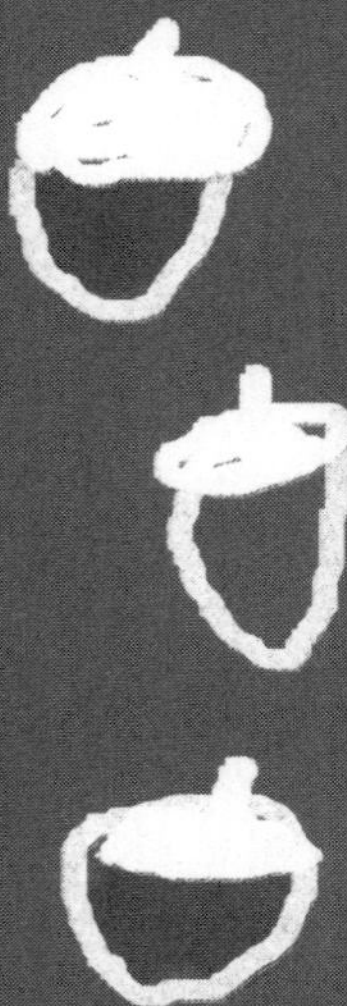

子どもの育ち

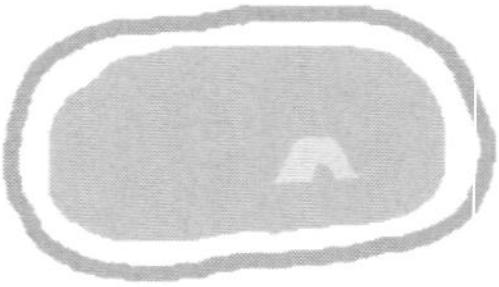

子どもの姿から学ぶべきこと

　年度初めの保護者会や親子遠足などで、先生やほかのお母さんに向けて「わが子の紹介（性格やきょうだい関係など）」をする機会が何度かあったことと思いますが、今回はわが子をどう紹介したかという点から、子育てのヒントが見えてくるというお話をしましょう。

　たとえば、「うちの子はまだ○○ができなくて」と話されるお母さん、案外多いものですよね。「靴の脱ぎ履きが上手にできなくて」「ボタンを留めるのが苦手で」「トイレをぎりぎりまで我慢するので失敗が多くて」「おもちゃをお友達に貸してあげられなくて」「すぐ手が出てしまう子で」「人の話を上の空で聞いていて」などなど。

　「靴、ボタン、トイレ」など生活習慣系のことを話されるのは年少のお母さんが多いのですが、入園時にすべてのことができていなくては困るなどと思っている保育者はいませんから、その意味では心配ご無用です。ただし、次の点には心を留めていただきたいなと思います。

「まだ○○がうまくできなくて」というお子さんに限って、うまくやれないような状況に置かれていると感じるケースが多いのです。たとえば靴ですと、かかとの部分が軟らかすぎて、履くと足と一緒につぶれてしまう靴だったり、ひも靴だったり、サイズが小さくなっていて保育者が手伝っても履かせにくい靴だったり。また、ボタン穴がきちきちの大きさで大人でも留めにくいボタンだったり、ズボンにサスペンダーを付けているために子どもがトイレを億劫がったり……。

こうしたことは、おうちで実際に子ども自身にやらせてみれば、すぐにわかることなのですが、恐らくおうちでは時間短縮が優先されて、お母さんがやってあげてしまっているのではないでしょうか。

子どもが苦労しないで自分でやれる状況をつくってあげると、お母さん方の生活習慣系の悩みは近いうちに解消するのではないかと思われます。

ひょっとしたらお母さんに原因が？

次に、年中・年長児にも多い、「すぐ手が出てしまう」「人の話を聞くのが苦手」と話されるお母さんへのメッセージ。

年少さんでは、理屈より先に手が出てしまったり、言葉でうまくいえないもどかしさからつい手が出るということはよくありますが、先生方が指導していくので、心配ありません。年中・年長にもなると、「あの子はすぐ手が出る」というふうに固有名詞がついて回るケースも出てきて、当事者の親御さんは気になりますね。

こうしたお子さんは、腕力で物事に決着をつけてよいと思っている傾向があるので、意思を通すためにお母さんを叩くこともあります。園庭などでもそういう場面に遭遇することがあり、叩かれたお母さんがなぜかニコニコしていたり、笑いながら「やめてよぉ」なんていっているのを目撃したりもします。やはりこれではまずいわけで、ここは毅然とした態度で、厳しい顔つきで、「叩かれたらお母さんだって痛いんだよ。人を叩いてはいけないんだよ」というべき場面なのですね。

先生方は日々の保育の中でこのことを何度も子どもに伝えていきますが、おうちでも同調してくださらないと、なかなか効果は上がりません。幼児期は特に、子どものありのままを丸ごと受け入れることの大切さがいわれますが、してはいけないことは「してはいけない」と、大人はきちんといわなくてはなりません。

また、「人の話を聞かない」というケースでは、お母さん自身に同じ言葉を返したくなることも。子どもは、自分の話をしっかり聞いてもらえたという経験を通して、人の話も聞けるようになっていくのですが、その点はいかがでしょう?

お迎えに来たお母さんに、「見て見て。僕ね、逆上がりができるようになったんだよ」とか「今日ねぇ、私と○○ちゃんがねぇ……」と一生懸命話しかけている子どもの声も上の空で、お母さん同士でおしゃべりに夢中になっているということはありませんか。お心当たりがあるなら、まずお母さんから子どもの話を聞いてあげなくては。「ごめん、ちょっと待って」は、子どもではなくママ友にいうべきせりふです。

目と目を合わせて子どもの話をきちんと聞いてあげれば、そのあとの「さぁ、○○ちゃん、それじゃあ……」というお母さんの語りかけもきっちり子どもの耳に届いていくはずです。

こんなふうに、わが子の様子で気になる点がある場合、それは多くはお母さんが微調整していくとよい〝子育てのヒント〟だったりします。「うちの子、どうしてこうなのかしら」と悩まずに、「ふむふむ、お母さんこうして!というサインなのね」と気づくことができると、今向かうべき子育ての方向が見えてきます。

上の子と下の子ではいろんなことが違います。第一子ならなおのこと、いろんなやり方を試してみる必要があるでしょう。お母さんのやり方と子どもの姿、時々チェックして、すり合わせをしていくとよいと思います。

ワンセンテンス会話からの脱却

小学校低学年の子どもたちの工作教室にボランティアでお手伝いに通っている女性が、こんなことを話してくれました。

「今の子って、ただ『ハサミがない』といったきり黙っちゃうのよ。『ハサミがないので貸してください』とか『ハサミがありません。どこにありますか』と、どうしていえないのかしら。これって小学校に上がる前に訓練しておくべきことじゃないの？」

訓練という単語には違和感を覚えたものの、いいたいことはよくわかります。

幼稚園に保育実習に通い始めた13年前も今も、年少さんの1学期はどの子もこんな感じです。「ハサミがない」に限らず、「クレヨンがない」「靴がない」「帽子がない」の〝ないない尽くし〟です。

それだけではありません。「鼻水が出た」「○○ちゃんが叩いた」「△△先生がいない」と、ワンセンテンスのオンパレード。つまり、現象だけを口に出し、それを口に出した理由や背景には触れないという状態です。

「～がない」という場合、「欲しい（使いたい）のにないから困っている、なんとかしてくれ」という思いがそこに込められているのは、大人にはわかりきったことですね。わかるけれど、さて、そんなときどう対応するとよいかについて考えてみましょう。

コミュニケーション力を高めよう

思い返せば、まだ言葉を話せない赤ちゃんだったころ、お母さんたちは必死で頭をめぐらせたはずです。泣いているのはどうして？　おなかが空いたの？　暑いの？　おむつを取り替えてほしいの？と。赤ちゃんと二人での留守番を引き受けたお父さんなどは、泣かれてパニックに陥ったことがあるかもしれませんね。それが、片言でも「まんま」「だっこ」「おんも」などと言葉が出るようになると、心底楽になりました。想像しなくても本人が要求を口に出してくれるのですもの。

片言がお母さんお父さんに通じて、欲しいものを手に入れた子どもは満面の笑みを浮かべたでしょう。その笑みが、お母さんお父さんをも幸せにして、家庭にハッピーオーラが充満します。これぞ子育ての醍醐味です。こういう素敵な時期の記憶があるからこそ、親はその後の、時にはしんどい時期も乗り越えられるのですから、親にとって何より必要な時期ではあります。

でも、こうした「子どもが単語で要求する↓親が応える」時期と、そのあとにやってくる「会話が成立する」時期とで、親の対応が同じままでよいかというと、やっぱり少しずつ変えていくべきかと思います。3歳を過ぎたら、より良い会話とはどういうものかを親がそれとなく教えていけるといいですね。生きていくうえで、コミュニケーション力ほど重要な要素はありませんから。

幼稚園では、入園したての子どもたちの「ワンセンテンス会話」にはていねいに付き合っていきます。家庭と同じように、言葉に出ていない部分の要求を察して応えてあげるのです。「クレヨンがない」という子には「ここにありますよ」と教え、「鼻水が出た」という子にはティッシュペーパーを渡してあげます。まずは幼稚園に慣れ、幼稚園を好きになってもらうことが優先される時期だからです。

でも、これをずっと続けていくわけではありません。数か月たって幼稚園生活のリズムにも慣れ、周りのことも視野に入ってくるようになったら、会話をちょっぴりレベルアップする練習が徐々に始まります。

「靴がない」「あら、お靴がないの？」「うん」。これで会話が終わってしまった場合は助け舟を出します。「お靴がないから、どうしたいのかな？」「探してほしいの」「はい、わかりました。一緒に探そうね」というふうに。

「〇〇ちゃんが叩いた」といってきたときは、「それは痛かったわね。やめてっていってみた？」「ううん」「いやなことをされたら、やめてっていっていいんだよ。次からいってみようね」と伝えます。

こうして何度も何度も練習を積み重ね、少しずつ会話が上手になっていきますが、年中さんでもまだまだワンセンテンス会話が出現します。先日も「青い折り紙がなくなった」といいにきた子がいましたが、「それで？」と聞くと、しまったという照れた表情を見せて「青い折り紙をください」といい直してくれました。

年長さんともなると、習得度はがぜんアップ。私が事務室にいたときにやってきた男の子は「お箸を忘れました。貸してください」と立派に話していましたよ。

先回りタイプのママは1拍置く

こんなふうに書くと、「うちの子は家でそんなにきちんと話さない。まずい」と焦ってしまう方がいるかもしれませんが、まぁそう慌てずに。子どもにとって家庭はほっとする場所です。幼稚園という〝社会〟では頑張って、きちんと話せていても、帰宅して息を抜く。これ、当然のこと。大人だって同じです。

ですから、焦って急に「〜がない」「だから？」なんていう詰問調の会話を始めないでくださいね。子どもも思わず緊張してしまいます。練習は少しずつでいいのです。

たとえばお休みの日。子どもが「ママ、ハサミがない」といってきたら、少し考えるふりをしてみてください。そしておもむろにのりを渡す。

「えー、なんでー」

「う〜ん、ハサミがないから代わりにのりが欲しいのかと思って」

「変だよー」

「ちゃんといってくれないからわからなくてさ〜」

と、親子で笑い転げてください。最初はこんな感じでいいのです。子どもは幼稚園でベースがつくられていますから、こういうことを繰り返すうちにお母さんのいいたいことに気がついてくれるでしょう。

優しくてよく気の回るお母さんほど、子どもの気持ちを察して先回りし、いわれる前からなんでも用意してしまう傾向はあるかもしれません。自分はそういうタイプだなと感じるのであれば、1拍置いて子どもの言葉を待ってみましょう。家の外に出れば、いわなくても察してくれる人ばかりではありませんからね。

冒頭の小学生たちもひょっとしたら、先回りタイプのお母さんに守られて、いわずに済ますことに慣れてしまっていたのかもしれません。

しかし、何事にも例外は付きもの。「おなか空いたー」のワンセンテンスには、目くじら立てずにすぐに返事をしてあげてくださいね。「もうできるわよ」でも、「もうちょっと待ってて」でもいいですから。「だから？」なんていうのはあんまりです（笑）。

お手伝いのすすめ

夏休み、冬休み、春休みなど長いお休みには、家族旅行や、おじいちゃんおばあちゃんの家に泊まりがけで出かけたりするのも楽しみの一つですね。でも、特別な予定がなくても、思い出深いものにすることができますよ。それは、「お手伝いを頑張った○休み」。「うちはまだ年少さんだから、取り立ててお手伝いを頼んでいないなぁ」というおうちも、「年長になっていろんなお手伝いをしてくれてます」というおうちもあるでしょうが、長いお休みには、自分にできることを〝やり続ける〟ことを目標にさせてみてはいかがでしょうか。

「義務」でなく「楽しみ」に

年少・年中さんには、同じお手伝いを毎日続けるパターンがお勧めです。お手伝いの種類は、新聞受けから新聞を取ってくる、お父さんを起こす、植木に水をやる、夕食の前に食卓を拭く、配膳する、などなんでもＯＫです。約束したお手伝いができたら、カレンダーに○印を記入。でもホントは、オリジナルのお手伝い表を手作りして、ちゃんとできたら日付欄にシールを貼ったりすると、もっとやる気がわいてきます。夏休みなどは園から「夏休みカレンダー」が配られることもあるでしょうから、上手に活用しましょう。

年中・年長さんは、手伝えることがいろいろ増えているはずですから、「お手伝いカードゲーム」を楽しんでみてはどうでしょう？　適当な大きさに切った紙に、自分がやりたい仕事を書いて箱に入れ、毎日カードを引いて、当たったカードに書かれた仕事をこなすのです。

子ども本人にやりたいお手伝いを考えさせるので、「あら、こんなことに興味があったのか」とか「そうか、もうこんなことができる年齢になっていたのね」と、親のほうが改めて気づくこともありそうです。

この「お手伝いカードゲーム」、小学校中学年くらいまでは乗ってきてくれます。きょうだいの年齢に応じて、引くカードの枚数を1枚にしたり2枚にしたりと加減したり、子どもそれぞれの箱を用意してもいいと思います。お手伝いの内容を〝小分け〟するのがコツで、たとえばフローリングの床の雑巾がけなら、「玄関まわりの雑巾がけ」「階段の雑巾がけ」「子ども部屋の雑巾がけ」などといくつにも分けると負担になりません。お母さんも子どもと一緒に「くじ引き」に参加すると、お手伝いタイムに家事が二つ、三つ片付いて、すっきりすること請け合いです。

実際にこの「お手伝いカード」を実践している私の知り合いの家庭では、「お休みカード」という大特典カードも用意しているとか。これを引いた人はお手伝いをお休みできます。お母さんがこの「お休みカード」を引き、子どもたちが「いいなあ」とうらやましがりながらお手伝いしてくれる日もあるそうです。

子どもの自尊感を高めよう

お手伝いをしてもらったときは、毎回心をこめて「ありがとう」「助かったわ」と声に出して伝えてくださいね。子どもは、自分で決めたことをやり遂げたという達成感や、自分が役に立ったという満足感、お母さんが喜んでくれたという嬉しさに包まれます。こうした自尊感情はその後の人生にとって必要不可欠のものです。自尊感情が育っていると、自分の人生を肯定して努力していけるのです。

そして、お手伝いをしたあとに親子でいただくおやつは格別の味！

親は「まだまだ小さい」とわが子を見くびってしまいがちですが、子どもの適応力は侮れません。一度きちんと教えれば、さまざまなことができるものです。幼稚園の上履きを自分で洗う子、洗濯物を干す子、食器を洗う子、野菜の皮むきを一手に引き受ける子もいます。

もちろん、最初から上手にやれるわけではないので、失敗も大目にみてあげましょう。お休み明けには一段とたくましくなったわが子に驚くはずですよ。

最後に、わが家の息子の例をご紹介。息子が小さいころ、仕事から帰った私は夕食作りにいつも余裕がなく、それどころか夕食を作る前に朝食時の食器を洗わないといけないような状態でした。そこで、野菜の皮むきはすべて息子に手伝ってもらっていました。そして、ありがたいことに息子がそれにハマッたのです。

お料理に興味をもち、マイ包丁が欲しいといいだしたのは4歳のときでした。小学1年生の夏休みの自由研究は「バナナケーキの作り方」。高学年になると、家庭科の調理実習で習ったメニューは家でも再現して作り方を完全にマスターしましたので、外から電話をして「何か1品作っておいて」と頼むことができました。大人になってからも包丁を持つことに抵抗はないようです。

子どもにお手伝いをさせることは、子ども本人の成長を促すだけでなく、長い目で見たら親自身へのプレゼントにもなるのです。

近視から子どもを守ろう

寒い季節には、子どもも大人もついつい暖房の利いた室内で丸まってしまいがちです。テレビを見る時間も知らず知らず長くなっているかもしれませんね。ところで、幼稚園児のお母さんたちに「わが子の姿勢で気になることはありますか」と聞いたところ、62％が「ある」と答えました。内訳は1位が食事中の姿勢、２位がテレビを見ているときの姿勢でした。テレビを見るときに寝そべって見る、だんだん近づいて見ている、うつ伏せになって上目づかいで見るなどの声が上がり、姿勢の悪さとともに視力の低下についてもセットで心配していました（園児とママの情報誌「あんふぁん」２０１０年7月調査）。

〝発展途上〟の視力を大事に

幼稚園児の視力については毎年、文部科学省が調査結果を発表しています。平成23年度学校保健統計調査によると、幼稚園児（対象は5歳児8万８１０８人）の25・5％が近視

（視力1・0未満）で、4人に一人の割合でした。父母世代である30年前の調査では幼稚園児の近視は14・9％だったので、かなり増えていることになりますね。

また、近視の子どものうち6・4％は0・7未満でした。両眼視力が0・7未満では、将来、普通自動車の運転免許証を取得するときには眼鏡等で矯正しなければなりません。6・4％というと、15〜16人に一人の割合です。小学校入学前でのこの数字、あなたは多いと考えますか、少ないと考えますか？

幼児期の視力は〝発展途上〟です。近くの物も遠くの物もきちんと見えるようになるのは5歳ごろなのだとか。この時期に、両目で物を見て立体感を認識する「脳の力」も育ってきます。

人間工学の視点で子どもの姿勢と視力の関係を研究している眼科医、丸本達也医師によると、幼児期にいちばん避けたいのは、近くの物を長時間見続けることだそうです。じっと見るといえば、テレビ、ゲーム機、パソコンなどはすぐ頭に浮かびますが、お絵描きやブロック遊びなどに集中しているときに、猫背になって紙やブロックに目が近づきすぎていることも、ぜひ気をつけてほしい場面なのだそう。冒頭のお母さんたちの心配は当たっていたことになります。

物に近づいて見る習慣がついてしまうと、目は近くにだけピントを合わせるようになってしまいます。さらに、目だけではなく脳の中でも、近くに焦点を合わせるようになり、遠くを見ようとしても対応できなくなるのだとか。

５歳ごろまではそもそも遠くの物がまだきちんと見えていないわけですから、子どもは自分の視力が近視状態になっていることに気がつきません。自分から「見えない」とはいわないということですから、親のほうで予防と発見を心がける必要があるでしょう。

予防のためのチェックポイント

１　子どもの視力を気にかける

普通、３歳児健診で視力検査がありますが、その後、子どもの視力を気にかけたことがありますか？　視力の低下や異常のなかには、早期発見が改善のポイントになるものもありますから、家庭で時々子どもの様子をチェックしましょう。ふと見ると、いつもテレビの真ん前に座っているとか、絵本を見るときにいつも同じ方向に頭が回っているといったことはありませんか？　いつも同じ方向に頭が回っているときは、遠いほうの目の視力が落ちて見にくくなっている場合があります。何か気になることがあったら、眼科を受診しましょう。

2　テレビを見るときの指定席を決める

「ほら、テレビに近づきすぎよ」と注意したことのあるお母さんは、「私は子どもの視力を気づかっている」と満足しがちですが、そこで満足していてはダメ。「テレビを見るときは3メートル離れる」とか「絵本を読むときは明るいところで」などの約束事は、完全に習慣化してしまうに限ります。テレビを見るときはここから、本を読むときはここで、と指定席を決め、親が毎回声をかけなくてもそこに座る習慣を小さいときからつけてしまいましょう。

テレビや絵本を寝転がった状態で見ると、対象までの距離が左右の目で違ってしまうことがあります。そうするとどうしても片方の目だけでピントを合わせることになり、その結果、片方の目だけ視力が下がってしまいます。対象から離れて、両眼で均等に見ることが大切です。

3　テレビ視聴やゲーム機で遊ぶときはリラックスを心がける

ある調査では、テレビ視聴やテレビゲームをする時間が1日3時間を超える子どもたちに視力の低下が見られたそうです。3時間を超えなければいい、と考えるのではまだ消極的。大人の実験では、テレビゲームを30分続けると目の筋肉が緊張し、1時間続けると疲労が表れたとか。小さいゲーム機で動きの速いものを見るのなら疲労はいっそう激しくなります。子どもなら、なおのことですね。

家庭によっては「テレビは続けて1時間まで、ゲーム類は30分まで」などと決めているかもしれませんが、前述の丸本医師は「目の健康からいえば、時間よりもリラックスしながら見るほうが大事」と指摘します。じっと見つめてピントが合いすぎて目の筋肉がぎゅっと固まった緊張状態は、オートフォーカスのカメラがロックしたまま電池切れになった状態だと思ってほしい、と。

これを回避するためには、子どもの視線を意図的に動かしてやればよいとのこと。

・テレビは一人で見せないで親も並んで座り、顔を見て会話をしながら見る。
・CMのたびに声をかけて振り向かせる。
・お絵描き（ブロック）に集中しすぎているときは「何を描いて（作って）いるの？」と近くで声をかけて視線を外させる。

などの方法を教えてもらいました。

「おやつにしましょう」の声がけも効果的かもしれませんね。

家族の会話がたくさんある家庭では視線もあちこちに動きます。楽しい語らいを満喫してください。

家庭でできる食育

２００５年に食育基本法が施行されたとき、関係者は長年の活動が実ったと大喜びしましたが、一方で「食事のことまで法律に縛られるのか」という感想をもらした大人も少なくありませんでした。現在の幼稚園ママ＆パパは食育基本法とともに子育てをしてきたことになりますが、食育についてどんなふうに考えていらっしゃるでしょうか。

施行直後の２００６年度、07年度は、自治体によっては各幼稚園に対して「本年度に実施した食育活動について報告書を出しなさい」と要求したところもあります。私も当時、幼稚園教諭向けに食育をテーマにした講演を頼まれたりもしました。しかし最近は、報告書を求められたという話も聞かなくなりましたし、私に食育に特定した講演を依頼する人もいなくなりました。もちろん、今も食育活動は各所で熱心に行われていますが、食育に熱心な人とそうでない人の二極化が進んでいるのだとしたら、残念なことです。

法律で定められなくても、心身ともに健康な生活を送るために、私たちが私たち自身の食環境を見直すことは、とても大切なことです。そして、食生活の基本が幼児期に形づくられることもまた、真実でしょう。

幼児のいる家庭では、折に触れて食育を意識してほしいなぁというのが私の願いです。

朝ごはんはパワーの源

では、幼児期に必要な食育とはなんでしょうか。

好き嫌いをしない、箸を上手に使うなど、皆さんそれぞれに頭に浮かんだことがおありだと思いますが、幼児期に親がしてあげられる大事なことは、私は次の二つではないかと考えています。

一つは、三度の食事をきちんととらせることで生活リズムを整えてあげること。幼稚園の現場では特に、朝食をしっかり食べてくることの大切さをしみじみ感じます。

朝食抜きの子どもは、血糖値が上がってこないので活動に身が入らず、外遊びに誘っても生返事をしたり、お部屋でごろごろしたり……。空腹感からイライラすることもあり、普段はそんなことはないのに、お友達にいちいち絡んでトラブルになったりすることもあります。また、朝食を登園時刻ぎりぎりに食べてきた子どもは、集団活動の最中に便意を催してトイレに駆け込んだり、お弁当（給食）の時間におなかがすかなくて、食事がなかなか進まなかったりするケースがあります。

遊びに没頭できない、活動を中断する、昼食時間が長引くという状況は、子どもたちにとって得ることの多い保育時間を無駄にすることになりますから、なんてもったいないことでしょう。「早寝早起き朝ごはん」をぜひ実行して、生活リズムを整えたいものですね。

食育遊びを家族で楽しむ

親にできることの二つ目は、工夫をして「食への興味関心」を引き出してあげること。

幼稚園では、年齢に合わせてさまざまな取り組みがあり、保育のなかに自然に食育が採り込まれています。年少さんならフルーツバスケットのゲームを楽しんだり、年中・年長さんなら野菜や果物の観察画を描いたり、カレーライスや簡単なスイーツを作ったり。園内で野菜や果物を育てて収穫したり、芋掘り遠足に行ったりもします。

でも、食育は園にお任せして終わり、ではちょっと寂しい。家庭でも遊びのなかでできることがたくさんあります。

「赤い食べ物なーんだ?」と親子で順番にいい合ったり、果物の名前、野菜の名前、魚の名前をいくついえるか競争したり。たとえば年少さんなら、果物の名前を10個いえたら立派ですし、年長さんなら15個いえたら天才です！（笑）　何より、たくさんいえた子のお母さんは自分を褒めてあげましょう。だって、食べたことがあるから名前を覚えるのが幼児です。それだけいろいろの食材を食卓に並べた証拠ですものね。

そのほか、食べ物しりとりをしたり、調理の際にかぼちゃやアボカドやピーマンの種を取り置いて、あとで種クイズを出したり……。冬場はミカンの汁であぶり出しをするのも楽しそうです。遊びだけでなく、ニンジンの皮むきやテーブル拭きなど〝仕事〟を任されれば、子どもは大いにはりきってくれるはずです。

お父さんのお休みの日には、みんなでＢＯＸクイズで盛り上がるのはいかが？　箱の中に食べ物を入れ、目で見ずに手触りだけでそれが何かを当てたり、においだけで考えてみたり。ちなみに、炊きたてごはんのにおいを当てられる人は案外少ないそうですよ。

以前、年中組のお弁当タイムに遊びに行ったとき、「前はキュウリが嫌いだったんだけど、自分で育ててから食べられるようになったんだよ」と話してくれた男の子がいました。食には食べるだけでなく、育てる、調理するなどさまざまな側面があります。いろいろなことに興味をもつ幼児期に、いろいろな体験をさせてあげられるといいですね。

仮に今は苦手な食べものがあっても、食への興味関心さえあれば、いずれ近いうちに食生活は整ってくると私は思っています。自分の食べるものが自分のからだをつくるのだと、気がつく子どもに育てるのが幼児期の目標といってよいのではないでしょうか。

親の学び

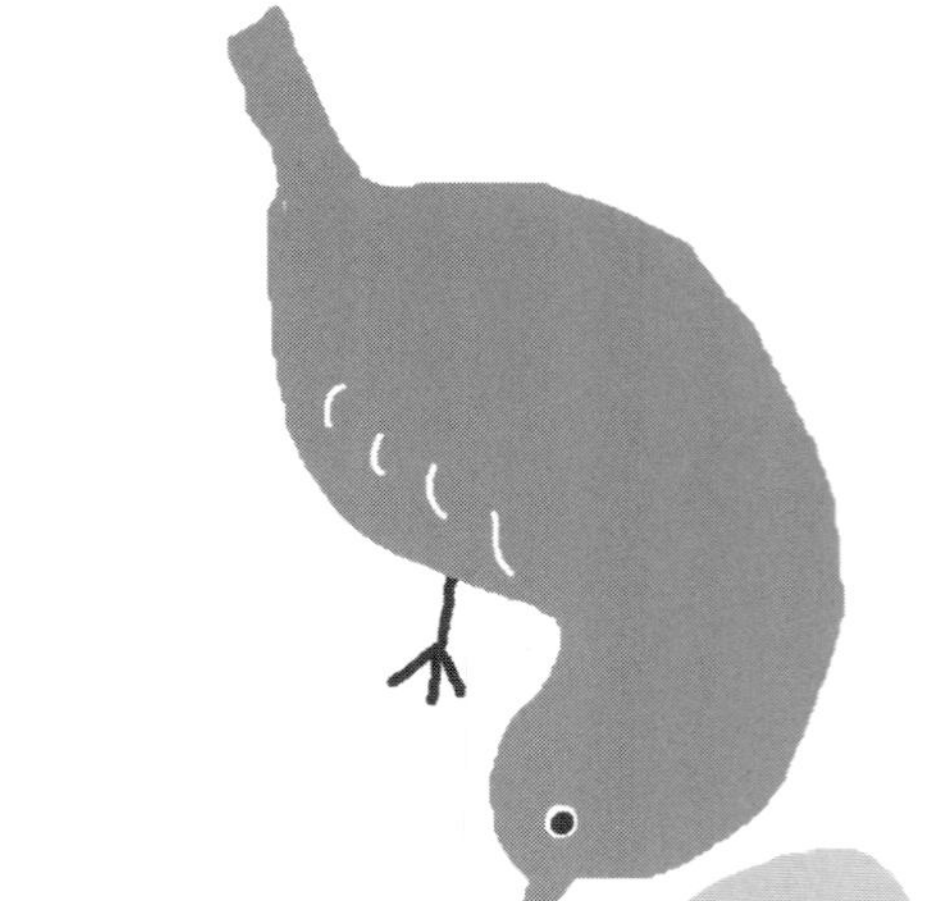

誰のための子育てポリシーか？

幼稚園入園、新年度、新学期、新年、小学校入学。そうした新たなスタートを機に、子育てポリシーをもとう、あるいは見直し・変更をしようと考えるご家庭はきっと多いことでしょう。

子育てポリシーの中身はご家庭によってさまざまなはず。「健康第一」「いろいろなことに挑戦する子に育てよう」「思いやりのある人間に」といった大きなくくりのものから、「きちんと挨拶をする」「食べ物の好き嫌いをなくす」「早寝早起き」といった具体的な目標まで、ご家庭の数だけ種類があるのだろうと思います。なかには「きちんと挨拶ができて、たくましい子に」といった複数形の欲張り型もあるかもしれません。要は、親として、どんな子に育てていきたいかということの〝所信表明〟であるといえるでしょう。

子育ての方向性をもつことは、もちろん悪いことではありません。いえ、むしろ、両親で話し合って方向性を確認することは良いことに違いありません。でももしかして、それが子どもに合っていない方向だったら？　子どもの負担になるような内容だったら？

何年か前、当時年中さんだった男の子Aくんを通して、私はそんなことを考えるきっかけをもらいました。

親のポリシーを押しつけられても…

ある日、Aくんのお母さんから相談を受けました。

「うちでは息子に『自分の考えをしっかりいえる子』になってもらいたいと考えているんです。私だけじゃなくて夫も同じ考えです。二人で息子に普段からそういい聞かせているんですが、なんだかもう何を聞いても返事がはっきりしなくてイライラしてしまって……。どうしたらきちんと自己主張できるようになるのでしょうか」

ちょうどその1週間くらい前、担任の先生から「最近、Aくんがなんとなく不機嫌なんですよ。珍しくお友達と揉めちゃったりして」と聞いていたところでした。Aくんは気持ちの優しい子で、いつもなら揉め事の仲裁に入るようなタイプです。ははぁ、Aくんの不機嫌とお母さんのイライラの元は同じかな？

案の定、お母さんは「それで毎朝親子ゲンカをしてしまうんです。『あなたはどうしたいの？　はっきりしなさいよ』なんて怒鳴ってしまって」と続けました。

親の側に確固たる子育てポリシーがあるとき、子どもが期待するような反応を返してこない場合にはきっとがっかりしてしまうことでしょうね。そんなとき、「いつもいつもいっているのに、なんでそうなの」と怒鳴ってしまう気持ちもわからないでもありません。

でもこのAくんのケースで、毎朝のケンカの元となっている〝はっきりしない答え〟が出現する場面とはどんなものでしょう？　4歳児の生活です。恐らく「今日は青い靴下と白い靴下と、どっちにする？」だったり、「今日のお弁当のおかずは何がいい？」だったり、そんな程度のことなのではないでしょうか。

Aくんにしてみれば、「靴下は青でも白でもどっちでもいいなぁ」と思っていたり、「えーと、昨日は唐揚げだったかな。あとはどんなおかずがあったっけ」と考えていて、返事が遅れたのかもしれません。もともと優しい子ですから、「お母さんはどっちのほうがいいのだろうか」と気を回して考えていた可能性もあります。

いずれにしろ、Aくんはどうしてお母さんがそんなにイライラし始めるのか理解できず、毎朝叱られて不機嫌になり、登園後もそれを引きずってしまっていたのでしょう。せっかくの楽しい幼稚園タイムなのにもったいないことです。

「三つ子の魂百まで」と思えば、一刻も早く目標の子ども像に近付けたいと思うのが親心。ですが、その子にとって、親の子育てポリシーが性格的に合っていないということもありますし、身につけるには年齢的にちょっと早すぎて難しいということもあります。もう少し大きくなって本人が自分の性格を理解して、努力して身につけていくという発達のステップもあることを知っておきたいものですね。

Aくんの場合、お母さんお父さんの両方からガミガミいわれ、逃げ場がなくなっていたのは気の毒でした。もしAくんが「優しい子に」を子育てポリシーにしている両親の子どもだったら、毎日褒められていたはずなのです。

まずは親側の所信表明を

続いてご紹介するのは、『子育てプリンシプル』や『叱りゼロで「自分からやる子」に育てる本』の著者、心理臨床家の奥田健次先生の言葉です。子育てポリシーについて取材したとき、明快に解説してくださいました。

「『友達と仲良く』とか、『すぐ泣かない子に』を子育てポリシーに挙げる親御さんはとても多いけれど、それは子育てポリシーというよりも、自分たち親が困らないようにという願いなのでは？」

「子どもが友達とケンカしたら、友達の家に謝りに行かなくてはいけないから困るなぁと思っているのも、すぐ泣く子に手を焼いているのも、親のほうですよね。子ども本人はちっとも困っていません。親が困ることを『子どもの将来のために』といい換えてはいけないと思います」

「子ども一人ひとり、性格や生活環境が違うように、子育ての指針もそれぞれであるべきです。その子に合った指針をもつには、その子をしっかり見るしかありません。兄弟姉妹でも違うはずです。子育ては常にオリジナル。オーダーメイドです」

いかがです、すごく説得力のあるお話ですよね。奥田先生と話していて思ったのは、本当に大事なのは「こう育ってほしい」と所信表明することではなくて、「このように心がけて子育てしたい」と所信表明することなのではないかということでした。たとえば、「ほかの子と比べないで育てよう」とか、「親の希望を押しつけて叱るのはやめよう」とか、「親の都合で時には叱り、時には褒めるといったブレをなくそう」とか。

こうした親の側の所信表明がきちんとなされたうえで、子育てポリシーをもつことが大切なのだと思います。そのとき、わが子の性格と、わが子の育ちのステップが今どのあたりなのかをよく見極め、過度の負担にならない目標を立てて親子でめざしていく——そんな子育てができたら素敵です。

お父さんの子育てをサポートしよう

以前、広告代理店が仕切ったイベントで、子育て相談のブースを任されたことがありました。自由に行き来できるビルの通路がイベント会場で、隣は占いのブース（！）です。「今の子育てのやり方を見直さないと、近いうちに悪いことが起こりますよ」とか占われた人が回ってくるのかしらと、苦笑したことを覚えています。

一人の男性が私のブースに近寄ってきました。幸いにも占いブースから回ってきたわけではなく、歩いていたらイベントのチラシをもらい、ふと話をしてみようと思われたようです。

その方は単身赴任をしており、その日はたまたま自宅に帰っているときで、お悩みは「普段家にいないせいか、子どもがちっともなついてくれない」というものでした。お子さんは幼稚園児の女の子で、「母親の背中の陰から私を見つめるんです」と、寂しそうに話してくれました。

お父さんの存在感を高めてあげる

単身赴任ではないにしても、平日は朝も夜も子どもとすれ違ってしまって顔を合わせることもないとか、土日が出勤で子どもと触れ合う時間がなかなかもてないとかで、父親としての存在感が薄くなってしまっているというお父さんも少なくないでしょう。

わが家もそうでしたが、こういうご家庭では、お母さんのサポートが欠かせません。お父さんが不在がちであっても、子どもへの言葉がけをちょっと意識するだけで存在感は断然違ってきます。

たとえばわが家では、おいしいお菓子をいただいたようなときは「これはお父さんの分ね」と取り置き、仮にお父さんがいらないといったら、翌日、「お父さんが○○ちゃんにあげるって。よかったね」といってきました。あるいは、夕食のときに「お父さん、まだお仕事頑張ってるかな。お先にいただこうね」というふうに。

お父さんのすごいところを話して聞かせるのもいいですね。お仕事の内容でもいいでしょうし、「お父さんは足がとっても速いよ。○○ちゃんはいつ追いつけるかな」「お父さんは力持ちだから肩車をしてくれるよね。お母さんにはとても無理だわ」というのでもいいでしょう。

いちばんわかりやすいのは「お父さんが一生懸命働いてくれるから、毎日ご飯が食べられる」という表現かもしれません。お母さんにも収入があるなら、「お父さんとお母さんが働いて……」といって当然ですが、専業主婦であっても夫婦で役割分担をしていることを上手に伝えたいものです。また、子どもが何か欲しいといったときに「お父さんに相談してからね」と、お父さんの存在を強調することもできます。

あるとき、幼稚園の副園長でもある若いお父さんがこんな秘訣を話してくれました。「財布は妻に握られているんですが、家族で外食するときは、僕が支払いをしているところを子どもに見せるようにしています。実は、事前に妻からお金をもらっておくんですけどね（笑）」

これなら、どこのお宅でも真似ができそうですね。

「点」と「点」の間を埋めてあげる

お母さんのなかには、子どものことで相談したのにお父さんから〝良い回答〟が返ってこなかったという不満をもっている方がいるかもしれません。この場合、お母さんの側に問題があるかもしれないケースとして二つのことが考えられます。

一つは、お母さんの側には実はすでに自分なりの回答があって、これまでお父さんの回答を聞いても尊重してこなかった場合です。これではお父さんも「どうせ結論は出ているんだろ」と思って自分の意見を飲みこんでしまいます。

もう一つは、忙しいお父さんを気遣って、お母さんが子育てを一手に引き受けてしまっていて、お父さんが子どもの状況を把握できていないために「君に任せるよ」と答えてしまう場合です。

確かに子どもと接する時間は圧倒的にお母さんのほうが長いのが普通でしょうから、お母さんが子どもと「線」で接しているとしたら、お父さんは「点」で接しているといってもいいでしょう。「朝」という点だったり、週に一度「日曜日」という点だったり。

この「点」と「点」を埋めていくのがお母さんのサポートなのです。「今日はこんなことがあったのよ」「こんなことがあって、○○がこういったのよ」と、お父さんが立ち会えなかった場面を報告し、お父さんの子ども情報をアップデイトしてあげるのがお母さんの役目です。短い時間でもいいのです。お父さんの子ども情報がいつも最新であれば、お母さんからの相談ごとにもきちんと対応してくれるはずです。

普段のアップデイトを怠っていると、たまの会話が相談ごとばかりという事態に陥り、それではお父さんもうっとうしくなってしまいますね。楽しい報告もたくさんしておいて、いざというときに相談に乗ってもらいましょう。

特に男の子の場合、思春期以降の子育てにお父さんの出番が増えてくるものです。そのときに父子がうまく会話できるように、今のうちから「点」を「線」にしておくことは大事だと思います。「点」と「点」の間が離れれば離れるほど、お母さんのサポートは楽ではなくなりますから。

お父さんはお父さんであれ!

お父さんの話題をもう一つ。

お宅では、お父さんがお父さんとして存在しているでしょうか。家の中にお母さんが二人いたりしませんか。

近年、お父さんの「お母さん化」を懸念する声が高まってきています。

「ママには内緒」があっていい

たとえば、ご家庭でこんなシーンはないでしょうか。そろそろ就寝しようかという遅い時間に、子どもたちが「のどが渇いた。ジュース飲みたい!」といい出しました。お母さんは「寝る前のジュースはダメって、いつもいってるでしょ」、お父さんは「たまにはいいじゃないか。俺も飲みたいな」。

あるいは、お父さんと子どもだけでお留守番をしているとき、日ごろお母さんが「この番組は下品だから見ないことにしよう」といい聞かせているテレビ番組をこっそり見ていたことがバレました……。

これらは一例ですが、こんなとき、多くのお母さんはこういいます。

「普段私が一生懸命しつけをしているのに、パパが台無しにする！　好き勝手やらないで、協力してくれないと困ります!!」

日ごろ子育てをお母さん任せにして、負い目を感じているお父さんほど反省し（笑）、「いかんいかん、ママの足を引っ張らないようにしなくちゃ」と、お母さんの方針どおりに子どもに接しようと考え、お母さんが二人になってしまいます。ですが、子どもはどうして親二人の間に誕生するのでしょう？　そこには、根源的な理由があるのではないかと私は思うのです。

確かに、就寝前のジュースは虫歯になるなどの理由で感心しませんが、「今日はパパがいるから〝特別〟よ。その代わり、寝る前にもう一度歯磨きをすること」と条件を出してみてはどうでしょう？　禁止している番組も、普段は見ないけれどパパと一緒なら〝特別〟に許されるという日があってもいいのです。できれば、あまりに品のないシーンでは「これはやりすぎだよなぁ」くらいはつぶやいてもらいたいところですが。

この時期の父と子の内緒ごとはかわいいもの。「ママには内緒だよ」のひと言で、がぜんパパの存在感が増すこともあります。お母さんにしてみれば「パパはいいとこ取りでずるいわ」と感じるかもしれませんが、お仕事で頑張っているお父さんにはたまには飴もあげないと！

異なる視点、異なる価値観に見守られて

子どもの立場からいえば、お父さんとお母さんの異なる視点、異なる価値観に接することは成長にとって決して悪いことではありません。悪いことではないどころか、これこそが親二人の間に子どもが授かる理由だといってもよいのでは？

ちょっと冒険をしてケガをしてしまい、お母さんにしこたま叱られている子どもに向かって、「そうだ、お前が悪い」とお父さんまで一緒に叱ってしまったら、子どもには逃げ場がなくなります。お父さんはあとでこっそり「挑戦したことはよかったぞ。でも、ちょっとやり方がまずかったな。次はここに気をつけてやってごらん」とアドバイスしてあげられたらいいですね。

もちろん、お父さんが怒っているときは、お母さんが子どもを抱きしめる役です。両親が補完関係にあると、子どもはたくさんの感情体験をし、心豊かに育っていきます。

一人親家庭やお父さんが単身赴任中のおうちでは、お友達パパを〝有効活用〟させてもらいましょう。当てにされたお友達パパにとっても、わが子以外の子どもと接する機会は貴重です。子どもは親だけでなく地域社会の大人のなかで育てられていくとき、さまざまな価値観、さまざまな知恵に接することができます。

こうした場としていちばん身近なのが、幼稚園の「おやじの会」（名称はいろいろ）です。園にお父さんの会や家族で活動できる会があるなら、ぜひ参加してみてください。子どもにとってのメリットだけでなく、お父さんお母さんにとっても自分とはひと味違う子育て観をもっている保護者と接することは、わが家の子育てを振り返るきっかけとなるはずです。

「親として」に加えて、次世代を育てる「大人として」子どもたちとどう向き合っていくべきか――。そんなことを考える場に、きっとなることと思います。

心の中の竜を育てる

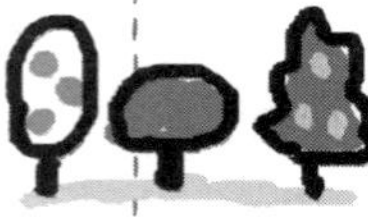

東日本大震災後に来日したブータン国王は、被災地・福島県相馬市の小学校を訪れた際、次のような言葉を贈って子どもたちを励ましたそうです。

「皆さんは竜を見たことがありますか？　竜は私たちみんなの心の中に存在し、『経験』を食べて成長します。だから、私たちは年をとって経験を積むほど強くなるのです」（朝日新聞より）

温かいメッセージですね。つらい経験であったろうけれども、それに負けずに強くなってほしいという思いが伝わってきます。被災地のみならず、日本中の親子がたくさんの経験を積んで心の中の竜を大きく育てていきたいものです。

子育ては毎日が新しい経験ですから、成長のモトはふんだんに転がっています。

今回は日常の中で見聞きした事柄から気づかされたことを二題。

マシな大人でありたい

自宅近くを歩いていたら、日本郵便のお兄さんがあるお宅のインターホンを鳴らしているところに出くわしました。

「ピンポーン」

「はい」

「こんにちは、郵便物のお届けものです。小包を」

「ガチャッ」

最後のはインターホンを切る音です。お兄さんの言葉が終わらないうちに、その人は無言で通話を切ったのです。その音は、道を歩いている私にまで、やけに大きく聞こえました。ちなみに、「はい」と答えたのは中年女性の声でした。

ガチャッと遮られて、お兄さんは「あっ……」と小さな声を発しました。若くて初々しかったし、年末のお歳暮シーズンだったので、アルバイトの学生さんだと思います。返事もしない相手に対してこの人は「大人って最低」と思ったかな、と恥ずかしい気持ちになりました。

わが子との会話でも同じようなシーンがありそうですね。インターホンではないから無言で会話を打ち切ることはできませんが、子どもがいろいろ話している最中に「ごちゃごちゃいわない！」「今忙しいのっ！」と遮ったことが、私にもあります。今思えば、最後まで聞いてやったってたかが1～2分のこと。1～2分を捻出できないほど忙しいことなんて、そうそうあるはずはないのに……。

子どもがとりわけごちゃごちゃいってくるときは何かを言い訳したいときが多いものです。ある臨床心理士はそんなとき、「よーし、たっぷり聞いてあげるわよ」と声に出していうとよいとアドバイスしてくれました。その言葉だけで子どもは気持ちが落ち着き、「ごちゃごちゃ」いいたかった気分が「ごちゃ」でもいいか、と半分に減るのだそうです。2分間の言い訳が1分に半減するのですから、聞くほうの親も助かります。

ところで冒頭のインターホンの話に戻りますが、こんなふうにガチャッと切る人はまれで、「ちょっとお待ちください」とか「今行きます」と応答するのが普通でしょう。しかし、この二つの応答には実は大きな違いがあるのだとか。

ビジネスマナーの専門家によると、「今行きます」のほうが圧倒的に価値が高いそうです。というのは「ちょっとお待ちください」のほうは、丁寧語ではあるものの「相手」に

「待て」といっている。それに対して「今行きます」のほうは、「自分」が「行く」といっている。お客さまに対しては相手に要求するのではなく、自分の行為を伝えるほうが「あ、すぐ来てくれるんだな」と安心してもらえるということです。もちろん、会社の受付などでのビジネスシーンでは「今参ります」と丁寧語になるわけですが。

子どもに「たっぷり聞いてあげるわよ」という場合も、親が自分の行為を伝えていますよね。なるほど、だから子どもは安心するわけだ！

子どもは分身ではない

また別のある日。かつての職場のメンバーと飲み会がありました。集まったのは40代から60代までの男女８人。40代で小学生の子どもがいる女性が「最近、親のいうことをちっとも聞かなくて」と愚痴をこぼすと、50代の男性がぼそっといいました。「母親って、すぐキレるからな」。

ドキッ！　彼はこう続けました。「本人は気がついていないみたいなんだけど、横で聞いているとよくわかる。子どものほうは普通に話しているのに、母親のほうがいきなりケンカ腰の返事をするんだよ。あれでは子どもだって頭にきて、親のいうことなんか聞かないよ。俺はいっつもフォローする役だったよ」。

男性陣は一斉にこの意見を支持。このあと、この話題でしばらく盛り上がりました。男性陣が出した結論は、「母親は、子どもが自分の考え（希望）と違うことをいうと、キレる」というものでした。身に覚えがないとはいえない私。「母親は自分で産んでいるから、どうも子どもを分身のように思い過ぎているように感じる」という指摘もありました。「分身だから自分のいうことを聞くのが当然と勘違いしている」とも。

分身のように思って愛することと、分身のようでも別人格と理解して愛することの違いをいわれているようでした。確かにこれは産む性である母親の意識すべき課題かもしれません。自分の考えとは違うことを子どもがいってきたときも、まずは「たっぷり聞いてあげるわよ」の姿勢が大事だということでしょう。

経験を積んで心の中の竜を育てる——。大切なのは、経験を通して「考えて」、心の中の竜を育てるということなのですね。「経験を積む」には「考えて身につける」の意味が込められているのです。若きブータン国王に励まされたように、毎日の経験を大事にして有意義に過ごし、真に強い人間になりたいものです。

「トイレめし」の芽は幼児期に出る？

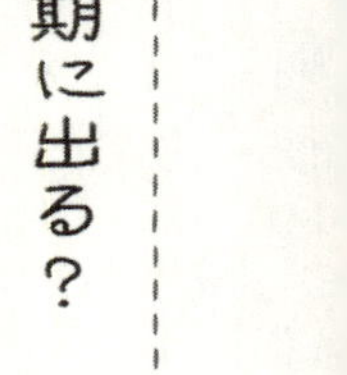

突然ですが、「便所めし」という言葉をご存じでしょうか。大学生が、学生食堂で一人寂しく食事をしているところを見られるくらいなら、トイレで食べたほうがマシと考え、トイレの個室で食事をすることです。あまりに語感の強い単語なので、今回は「トイレめし」といい換えて書き進めます。

排泄の場で食事だなんて、にわかには信じられませんね。でも、取材でお目にかかった教育評論家で法政大学教授の尾木直樹先生によると、学生対象のアンケートで「トイレめしの経験がある」と回答した人がかなりの数、いたのだとか。トイレめし学生のことは新聞記事にもなっていましたが、どうやら誇張ではないようで、心が冷え冷えとしてきます。

友達をつくれない大学生

こうした実態は特定の大学に限ったことではありません。内閣府が全国の大学生を対象に行った調査（２００９年）では、平日に昼食を一人で食べる学生は37％。理由の過半数は「自由に過ごしたいから」ですが、14％が「誰も誘ってくれないから」と答えました。

西日本のある国立大学では大学生協が音頭をとって4月初めの10日間、上級生が新入生に「一緒に食べようよ」と声をかける「声がけ朝食会」を開いて人気を博したそうです。また、中部地方の大学の女性カウンセラーは、図書館の隅で隠れるように栄養補助食品を食べる学生や、構内の目立たない場所で歩きながらおにぎりにかぶりつく学生を何度も目撃し、「一人めし」の学生のためにお昼時に相談室を開放することにしたそうです。

皆さんは今、「大学生なのに、なんでそこまでフォローする必要が？」と思ったのではありませんか？　こうした対応は、実はトイレめし対策ではありません。「友達ができないから」という理由で大学入学後、早々に中退してしまう学生をなんとか食い止めたいというのが本当の目的なのです。

尾木教授は「子ども時代に自分で友達に声をかけて仲間づくりをする経験があまりに不足していると思われる」と指摘します。ママが「うちの子と遊んであげて」と根回ししたり（過保護）、「あの子と遊ぶのはやめなさい」と規制したり（過干渉）した結果ではなかろうか、と。「幼児期からずっと、友達づくりにママが口出ししてきた結果、トイレめし問題にたどりつく。ママの口出しはここ15年ほどの傾向です」。

さあ大変、他人事だと思っていた話が、突然皆さんの今に振りかかってきましたよ。実際のところ、今の学生は自分からはなんのアクションも起こさず、そのくせ入学式から10日もすると「友達ができないのですが」と学生相談室を訪ねてくるそうです。

子離れは一朝一夕にはできない

幼稚園時代はお友達づくりはもとより、子ども自身がさまざまな体験を重ねる大切な時期です。たとえば、「入れて」といえば遊びの輪に入っていけること、ケンカをしても「ごめんね」のひと言が仲直りをもたらすこと、初めての挑戦に足がすくんでも仲間と一緒なら頑張れること、一人では難しいこともみんなでやれば成し遂げられることなどを、文字どおり「体得」していきます。頭で理解するのではなく、トラブルに見舞われたり、悩んだり、失敗したりしながら、勇気を出すことを覚えて人間の幅を広げていくのです。わが子を心配するあまり手出し口出しをしすぎることは、その貴重な機会を奪うことになってしまうのですね。

幼児期から子どもに「指示」と「命令」と「規制」だけで接してきた親は、子どもは別人格であることをいつの間にか忘れてしまうのでしょうか。いつまでも「子どもは私が保護すべき対象」と思っている親は子離れできず、大学の入学式・卒業式に出席するのはもちろんのこと、年度初めの履修届を子に代わって作成し、授業参観を希望して、子どもの成績表を親あてに送れと要求します。最近では、教員採用試験の会場に保護者の待機室を設けることまで検討され始めているとか。尾木教授が「教員をめざそうというのに保護者付きとは……。そんな学生は採用するな」と進言したら、「そんなことをしたら採用する人がいなくなる」といわれたと、嘆いておられました。

親も子も、大学生になって急に子離れ・親離れしろといわれても戸惑うばかりでしょう。両者ともそうした環境にあまりにも慣れてしまっているからです。実際、大学に親が来ることを恥ずかしいと思わない学生が増えているのが現実です。ひょっとしたら、昼食時間に毎日親が来てくれたら「トイレめし」を回避できるのに、と思っていたりして——？

誰でもわが子に「トイレめし」など食べてもらいたくはありません。学生食堂で「この席、空いてる？」と、気負わずに聞ける人になってほしければ、幼児期の子育てを大事にするしかありません。難しく考えすぎず、初めての挑戦に緊張する子どもの背中をそっと押してあげられる親になりたいものですね。

失敗は力なり！

「継続は力なり」という言葉がありますが、子育てでは「失敗は力なり」というのが当たっているのではないでしょうか。

よかれと思ってやったことが子どもに受け入れられなかった――。それは親が悪いのではなく、子どもが悪いのでもなく、「そのやり方はうちの親子に合っていなかったようだから別の道を探ってみよう」という逆転の発想。これが大切だと思うのです。失敗したからこそ、目を転じることができるのですよね。失敗して悩んだときに初めて、子育ての「知識」が「知恵」に進化するのだと思います。

「失敗しちゃった……」と感じたことのない母親は、「私のやり方で間違いはない」と思い込みがちで、母親の自信が子どもの負担になっていることも多いと聞きます。もちろん、父親も同じ。自信過剰の親よりも、一緒に泣いたり笑ったりして学んでいく親のほうが、子どもにはありがたい存在であるはずです。

さあ、元気が出てきましたか？　失敗は力なり！です。そもそも、どこの親もいっぱい失敗しているんですね。人によっては、あんまり人に話さないだけで（笑）。
というわけで、私の偉大なる失敗談を一つ、恥をしのんでご披露いたしましょう。

子どもを見れば、親が見える

失敗談は数々あれど、過去にいちばん赤面したのは、息子（仮にタクヤとします）が小学校2年生のときのことです。個人面談で学校に出向いたとき、女性の担任教諭からこんな話が出ました。

先生「実は先日、タクヤくんがA子ちゃんとケンカしましてね。両方から話を聞いたら、A子ちゃんが3日連日で掃除をさぼって、怒ったタクヤくんが後ろから背中めがけて飛び蹴りをしたようなんです」

私「……（絶句）」

先生「掃除をさぼったのはA子ちゃんが悪いけど、暴力はダメよとタクヤくんにいいましたら、『いや、ちゃんと口で説明して、それでも相手がわかんなくて、でも絶対こっちのほうが正しいときはガツンとやってもいいんだ。僕も、僕が悪かったとき、お母さんにやられたもん！』といい張るんです」

私「……（赤面）」

いやはや、あのときほど恥ずかしかったことはありません。もちろん、思い当たることがあったからです。その数日前、私は生まれて初めて息子にきつ〜いビンタを一発、食らわせたのですから。

その日、息子は学校でBくんとトラブルがあったらしく、猛烈に怒っていました。私が仕事から帰宅するなり、Bくんの悪口ざんまい。いいながらますます興奮してきて、とうとう許されざる言葉まで口走り始めました。私が「いいかげんにしなさい」と注意しても、エスカレートするばかり。何度かやりとりがあったのち、どうしてもその言葉が許せなくて思わずバチーンと一発……。夕食の準備にも追われていて心にゆとりがなかったせいか、頬に手形がつくほどの勢いで引っ叩いてしまいました。

「しまった、先にトラブルの中身を聞いてやるべきだった」と思ったときは、すでに遅し。わんわん泣いている息子を引き寄せ、なんとか納得させなくてはならないと思い詰めて、「あのね、人間には絶対にいったり、したりしてはいけないことがあるんだよ。タクヤがどうしてもわかってくれないから、お母さん、つい叩いちゃった。わかってくれたかな」なんて、くどくどと言い訳しましたっけ。

親の仕事は「根気」

どうやら、そのとき息子が理解したのは「いってはいけない言葉がある」ということではなくて、「いってもわからないときは腕力に訴えてもよい」ということだったようです。

担任の先生からこの話を聞かなかったら、私はそのことに気づかないところでした。個人面談から戻り、息子には「この前のお母さんのビンタは間違いだった」と謝って、母が伝えたかったことはこういうことだ、とやり直しをしました。それで彼が正しく理解し直したかどうかは、なんとも微妙ではありますが。

2年生でこうなのですから、幼児では親の話をどこまで理解できているかわかりません。でも、だからといって「いっても無駄」と思わず、「いい続ける」ことが親の仕事なのだとも思います。しつけというのは、しつけぇくらいにいうことだといわれているくらいですから。ただし、私の失敗でもわかるように、体罰は無価値ですからご注意を。

「あのお母さん、子どもを虐待している、と担任に思われたかしら」と、私はしばらくの間、うじうじと悩んだものでした。

でもでも、失敗は力なり！です。失敗を恐れず、失敗を糧として、親として一歩一歩成長していきましょう。

書名	まるわかり幼稚園ライフ
副書名	子育て・子育ち・先生・お友達・ママ友のこと
著者	西東桂子
イラスト	石川えりこ
編集	佐藤智砂
デザイン	大原真理子
発行	2013年3月18日［第一版第一刷］ 2015年3月27日［第一版第二刷］
希望小売価格	1,000円＋税
発行所	ポット出版 150-0001 東京都渋谷区神宮前2-33-18#303 電話 03-3478-1774 ファックス 03-3402-5558 ウェブサイト http://www.pot.co.jp/ 電子メールアドレス books@pot.co.jp 郵便振替口座 00110-7-21168 ポット出版
印刷・製本	シナノ印刷株式会社

ISBN978-4-7808-0195-8 C0077 ©SAITO Keiko

※本書は月刊ウェブマガジン「幼稚園ママ&パパ」に連載されたコラムを加筆・修正したものです。
http://horonisshi.cocolog-nifty.com/mamapapa/

Maruwakari yochien raifu
by SAITO Keiko
Illustrator: ISHIKAWA Eriko
Editor: SATO Chisa
Designer: OHARA Mariko

First published in
Tokyo Japan, March 18, 2013
by Pot Pub.Co.,Ltd

#303 2-33-18 Jingumae Shibuya-ku
Tokyo, 150-0001 JAPAN
E-Mail: books@pot.co.jp
http://www.pot.co.jp/
Postal transfer: 00110-7-21168
ISBN978-4-7808-0195-8 C0077

[書誌情報]
書籍DB 刊行情報
1 データ区分——1
2 ISBN——978-4-7808-0195-8
3 分類コード——0077
4 書名——まるわかり幼稚園ライフ
5 書名ヨミ——マルワカリヨウチエンライフ
7 副書名——子育て・子育ち・先生・お友達・ママ友のこと
13 著者名1——西東 桂子
14 種類1——著
15 著者名1読み——サイトウ ケイコ
22 出版年月——201303
23 書店発売日——20130318
24 判型——4-6
25 ページ数——160
27 本体価格——1000
33 出版者——ポット出版
39 取引コード——3795

本文●OKアドニスラフ80・四六判・Y目・65.5kg（0.145）／スミ（マットインク）
表紙●気包紙U ディープラフ・L判・Y目・215.5kg／TOYO 10189／TOYO 10418
カバー・帯●ヴァンヌーボV スノーホワイト・菊判・Y目・90.5kg／プロセス4C／カバーにマットPP加工
使用書体●ヒラギノ明朝 丸アンチック UD新丸ゴ 見出しゴMB31 游ゴシック体 VAG Rounded Courier Frutiger ITC Garamond Avenir
2015-0102-3.0 書影の利用はご自由に。イラストのみの利用はお問い合わせください。